U0017953

實用歷史叢書

親切的、活潑的、趣味的、致用的

遠流出版公司

國家圖書館出版品預行編目資料

岳飛和秦檜 ：從《易經》原理看南宋鷹鴿兩派的論爭 / 陳文德著 . -- 初版 . -- 臺北市 ：遠流， 2007.10
面 ； 公分 . -- (實用歷史叢書 ; 193)

ISBN 978-957-32-6181-0(平裝)

1. 易經 2. 南宋史 3. 研究與考訂

625.2 96018915

實用歷史叢書⑲③

岳飛和秦檜

從《易經》原理看南宋鷹鴿兩派的論爭

作　　者——陳文德
主　　編——游奇惠
責任編輯——陳穗錚
發 行 人——王榮文
出版發行——遠流出版事業股份有限公司
臺北市100南昌路2段81號6樓
電話／2392-6899　傳眞／2392-6658
郵撥／0189456-1
香港發行——遠流(香港)出版公司
香港北角英皇道310號雲華大廈4樓505室
電話／2508-9048　傳眞／2503-3258
香港售價／港幣83元
法律顧問——王秀哲律師・董安丹律師
著作權顧問——蕭雄淋律師
2007年10月16日　初版一刷
行政院新聞局局版臺業字第1295號
售價新台幣 250 元　（缺頁或破損的書，請寄回更換）
有著作權・侵害必究　Printed in Taiwan
ISBN 978-957-32-6181-0
YLib 遠流博識網
http://www.ylib.com　E-mail:ylib@ylib.com

■實用歷史叢書□

193

岳飛和秦檜

從《易經》原理看南宋鷹鴿兩派的論爭

陳文德／著

出版緣起

王榮文

・歷史就是大個案

《實用歷史叢書》的基本概念，就是想把人類歷史當做一個（或無數個）大個案來看待。

本來，「個案研究方法」的精神，正是因為相信「智慧不可歸納條陳」，所以要學習者親自接近事實，自行尋找「經驗的教訓」。

經驗到底是教訓還是限制？歷史究竟是啟蒙還是成見？——或者說，歷史經驗有什麼用？可不可用？——一直也就是聚訟紛紜的大疑問，但在我們的「個案」概念下，叢書名稱中的「歷史」，與蘭克（Ranke）名言「歷史學家除了描寫事實『一如其發生之情況』外，再無其他目標」中所指的史學研究活動，大抵是不相涉的。在這裡，我們更接近於把歷史當做人間社會情境體悟的材料，或者說，我們把歷史（或某一組歷史陳述）當做「媒介」。

．從過去了解現在

為什麼要這樣做？因為我們對一切歷史情境（milieu）感到好奇，我們想浸淫在某個時代的思考環境來體會另一個人的限制與突破，因而對現時世界有一種新的想像。

通過了解歷史人物的處境與方案，我們找到了另一種智力上的樂趣，也許化做通俗的例子我們可以問：「如果拿破崙擔任遠東百貨公司總經理，他會怎麼做？」或「如果諸葛亮主持自立報系，他會和兩大報紙持哪一種和與戰的關係？」

從過去了解現在，我們並不真正尋找「重複的歷史」，我們也不尋找絕對的或相對的情境近似性。「歷史個案」的概念，比較接近情境的演練，因為一個成熟的思考者預先暴露在眾多的「經驗」裡，自行發展出一組對應的策略，因而就有了「教育」的功能。

．從現在了解過去

就像費夫爾（L. Febvre）說的，歷史其實是根據活人的需要向死人索求答案，在歷史理解中，現在與過去一向是糾纏不清的。

在這一個圍城之日，史家陳寅恪在倉皇逃死之際，取一巾箱坊本《建炎以來繫年要錄》，抱持誦讀，讀到汴京圍困屈降諸卷，淪城之日，謠言與烽火同時流竄；陳氏取當日身歷目睹之事與史實印證，不覺汗流浹背，覺得生平讀史從無如此親切有味之快感。

觀察並分析我們「現在的景觀」，正是提供我們一種了解過去的視野。歷史做為一種智性活動，也在這裡得到新的可能和活力。

如果我們在新的現時經驗中，取得新的了解過去的基礎，像一位作家寫《商用廿五史》，用企業組織的經驗，重新理解每一個朝代「經營組織」（即朝廷）的任務、使命、環境與對策，竟然就呈現一個新的景觀，證明這條路另有強大的生命力。

我們刻意選擇了《實用歷史叢書》的路，正是因為我們感覺到它的潛力。我們知道，標新並不見得有力量，然而立異卻不見得沒收穫；刻意塑造一個「求異」之路，就是想移動認知的軸心，給我們自己一些異端的空間，因而使歷史閱讀活動增添了親切的、活潑的、趣味的、致用的「新歷史之旅」。

你是一個歷史的嗜讀者或思索者嗎？你是一位專業的或業餘的歷史家嗎？你願意給自己一個偏離正軌的樂趣嗎？請走入這個叢書開放的大門。

編輯室報告

《岳飛和秦檜》

以前讀中國歷史，讀到秦檜以「莫須有」的罪名，下了十二道金牌，將與金人作戰打算直搗黃龍恢復宋朝江山，迎接徽、欽二帝的岳飛調回的時候，一方面固然痛恨秦檜的狡詐，二來也好奇，岳飛一個人就拿了十二道金牌，如果生活在現代，一定是媲美旅美大聯盟球員王建民的運動好手，要不然就是宋朝太奢侈浪費，活該註定要被外族欺負。當時的「十二道金牌」歷史老師也沒多做解釋，大學聯考在即，也就囫圇吞不求甚解，一直到讀大學時查閱宋代的制度才搞清楚「十二道金牌」是怎麼一回事。

古代中國設有驛道，這是軍事用途極為重要的道路，通常重要的軍情都會以騎馬的方式傳送，如果是緊急軍情那就是「快馬加鞭」死命的跑，操死了人也會操壞了馬。而宋代中極機密重要的文件就要用「金字牌急腳遞」傳送，也就是讓傳令兵騎著快馬，沿途過驛站祇換馬不換人不停的跑。馬上面掛著漆著黃色的木牌，在奔跑中警戒來往的人與車趕快閃避。就這樣用了十二面「金字牌急腳遞」，十二匹馬跑起來幾乎成了一條亮閃閃的直線，真是軍情緊張啊。岳飛見到這樣的陣仗當然不敢掉以輕心，回到京師後，與兒子岳雲枉死在風波亭上，令人潸然流淚痛心不已。

宋高宗真的糊塗到不明事理嗎？恐怕不是這樣的吧。他當他的偏安皇帝很過癮，偏偏岳飛要迎回徽、欽兩個前皇帝，這讓高宗表面上不敢作聲，心裡頭肯定是很不高興的。誰都想當皇帝啊，特權在手權力我有，站在雲端高高在上，誰願意當落入凡間的精靈啊。岳飛就在這樣「不識大體」的情況下，觸動了高宗內心的幽暗，岳飛父子的死，宋高宗也應該負起責任吧。

自有帝制以來（民主政治好像也差不多），所謂的伴君如伴虎，宋高宗曾問岳飛如何讓國家富強，岳飛回答說：「祇要文官不貪財，武官不怕死，就能富強。」

「怎樣能讓國家富強」是宋朝開國以來最常問的一個問題。宋太祖與宋太宗有能力把江南諸國重新納入版圖，欺負卑微的將稱臣的南唐滅國，封李後主為「違命侯」，還把李後主的妻子小周后侮辱一番，讓李後主每天寫詞以淚洗臉，最後更毒殺李後主。這種強勢手段祇能欺負弱小，更讓李後主這個弱小，激發文學潛能改變詞風，寫下了王國維所說的鐵血文章，隱然胸懷基督博愛情懷，讓讀者很能進入詞情世界，產生共鳴而低迴不已。

其實整個宋朝是積弱不振的。他對遼國戰爭失利，對金國屈辱訂約，被蒙古鐵騎踐踏而亡國，甚至對於西夏也是莫可奈何。關鍵原因就出在宋朝的立國政策原本就是「強幹弱枝」——主張強中央而弱地方。目的是修正唐朝時候邊疆大吏動輒藩鎮割據，而中央卻無戰力懲治，導致國家四分五裂，搞成了所謂的「五代十國」。開國皇帝宋太祖趙匡胤也是在軍方擁護「黃袍加身」的情況下一步一步邁向帝王的寶座。他在成功奪取帝位以後，為了宋朝的長遠發展，短期目標以「杯酒釋兵權」的方式，不讓共打江山的夥伴有機會成為軍閥，更建立了明確的建國方針——中央集權地方弱勢，形成了「重文輕武」的時代氛圍。

這個矯往過正的策略，帶來的危害其實更大。整個宋朝而言，文臣武將幾乎個個都是一時之選。寇準、王安石、范仲淹、司馬光等都是治世能臣。狄青、岳飛、辛棄疾、韓世忠都是戰場猛將。文采則更是風流所及大放光亮，婉約的詞有柳永、姜夔、周邦彥；豪放的詞有蘇軾、辛棄疾、陸游；就連女子都能有一席之地，朱淑真與李清照讓宋朝詞壇變的很不一樣。唐宋古文八大家中，唐朝上榜的祇有韓愈、柳宗元兩人，宋朝卻有歐陽修、曾鞏、王安石、蘇洵、蘇軾、蘇轍等六位。

宋朝的文臣武將一點也不輸給漢唐盛世，許多地方更見超越。包拯的嚴明清廉讓他有「關節不到有閻羅、包老」的美譽；南宋提刑官宋慈的《洗冤錄》則是世界最早的法醫學著作。但這些都挽救不了國勢的積弱。

所幸宋朝也是一個愛國心極強的時代，上至文臣武將，下至販夫走卒，對國家的高度認同，投入在抵抗外侮的戰鬥中，不讓遼、金輕易滅宋，延長了國祚。

宋朝的問題就在於症狀明明知道的很清楚，卻偏偏用錯了藥方，以致於病入膏肓，徒讓文天祥作〈正氣歌〉長歎，讓陸秀夫負帝昺投海而亡。

宋朝的典型症狀就是「重文輕武、重中央輕地方」造成邊疆外患嚴重。宋朝初期對於強大的遼國根本無法獲得決定性勝利，反而勝少輸多，遼主雖然想南征總遭頑強抵抗，加上宋朝政策就是以求和為手段，能用金錢美女財寶換取和平，那就給他金銀財寶又何妨。保護人民，讓百姓免於戰爭之苦是當時宋仁宗與真宗的既定政策。一直到了神宗這個年輕而想有作為的皇帝手中，才起了大的變化。神宗重用王安石變法圖強，但王安石的積極新政，改革腳步太快，無法獲得保守勢力的支持，因此推動困難。

王安石陷入在空有人才卻不為己用的困局中，要殺出困局衹好找支持自己的人。王安石是當紅炸子雞，投靠的人初發心是為了攫取個人利益還是認同理念，就撲朔迷離了，實際上許多人衹是想利用王安石作為魚躍龍門的踏板而已。王安石固然說出了「天變不足懼、人言不足恤、祖宗不足法」的驚人之語，卻不敵政治現實的殘酷，晚年衹有曾經與他意見不同的蘇東坡還記得這位愛國忠心的老宰相。

宋朝自開國以來就在「和」與「戰」的不同立場中分別論述主張與作為。宋朝其實有一點是值得稱許的，雖然他以科舉選拔人才，但是考試的內容重視「策論」，看看考生有沒有自己的觀點，能不能有卓越的見解，呂祖謙著名的《左傳東萊博議》就是代表性作品。這種做法比起明清兩代考八股文，規定文章制式寫法的僵化策略高明許多。且宋代也是疑古風氣很盛的時代，不會全然接受古人的想法，而能在「不疑之處而有疑」。祇是文人之間也是互相鬥氣的一群人，無法站在制高點上窺全貌，火氣比才氣更高，鬥氣的結果就是一敗塗地。

陳文德先生的作品我經常都能先睹為快，每每看到他在解析歷史事件的獨特觀點。在這本書中，陳文德先生很清楚的捉住了宋朝的整個時代的問題，從宋朝的開國談論至北宋、南宋的轉捩，包括秦檜與岳飛之間的爭鬥以及南宋的滅亡。在每個關鍵時期的「和」與「戰」截然不同的論述觀點與結局，每一個微小的變化都牽動著大局的演變。而這些時代的聲音與變化，則巧妙的以《易經》觀點推論人事與提供建言。《易經》研究也是陳文德先生近年來鑽研有成，並不斷發表論述的根本。

《岳飛和秦檜》在陳文德先生飽蘸文史的筆墨中，以易理哲學開創出一個溫故知新的境界。

（余遠炫執筆）

〈自序〉

春花秋月何時了

◆悲劇時代——打不開局面的困局

每次讀到中國史，腦中就自然浮起南唐李後主的那首亡國詞〈虞美人〉。

春花秋月何時了，往事知多少？小樓昨夜又東風，故國不堪回首月明中。雕欄玉砌應猶在，祇是朱顏改。問君能有幾多愁，恰似一江春水向東流。

兩宋以來的中國文明，一直都是個打不開局面的悲劇時代。人類的執著、愚蠢、自大、僵化製造了這些悲劇。早年的華夏文明、大漢文明、大唐文明，那種宏偉、雄大、悲天憫人的包容力及磅礴氣勢都不見了，剩下來的衹是僵化、自大、刻薄、不再有創造力的空殼子而已。

宋皇朝，名君、名臣、名將輩出，國力卻始終積弱不振，從開國時的危機管理，到進入南宋的破產重整，多少忠臣烈將力挽狂瀾，最後還是免不了淪落異族——外來政權的統治。

大明皇權雖為漢人所建，其實絕大多數時間，都屬宮廷封閉文化，東廠宦官擅權，白色恐怖掛帥，文化被徹底摧殘，不過是另外一種型態的外來政權罷了。

◆植根於土地的文明才會壯大

中華歷史文明，一脈相承，黃帝、堯舜、文武、周公、孔子……這是統治者為了鞏固政權的宣傳手法。

從黃帝大戰炎帝的四千八百多年前，一路打打殺殺下來，和平的時代不多，統一的時間更短。

其實，劉邦不是中原人，李世民更不是漢人，但大漢、大唐文明卻是本土性的，他們都建都長安，是根植在關中土地上開花結果的，所以充滿著生命力、創造性，雖然也經由戰爭，但他們的政權不完全靠武力，而是靠民心——人民的需要——自然水到渠成的。

他們是少數領導，卻不是少數當權，不像蒙古人和滿洲人，想消滅本土文明。他們相信土地，信任人民，自己融入了本土，也為中國歷史，創造了兩個輝煌燦爛的大文明。

史家常把秦漢兩朝並稱，其實是完全錯誤的。秦是秦、漢是漢，秦屬華夏文明，秦帝國是華夏文明的終結，秦始皇是末代君王，漢則是另外一個開始。

華夏文明在中原奠基，歷經共主時代、黃帝王朝、夏王朝、商王朝、周王朝，春秋戰國亂世，長江流域楚文明大量融入，鳥民族的秦王朝更整合了中原東西兩方文化，促成了大漢文明水到渠成的誕生。

劉邦、項羽都是楚人，漢更是四川的地名，南北文明融合了，在劉邦這位空前大政治家誤打誤撞的領導下，大漢文明誕生了。

魏晉南北朝時，五胡亂華，西北異族力量大舉入侵，唐太宗本人也是胡人血統，但他們接受這塊土地的力量，包括各地方的生命力，李世民本人更以悲天憫人的心，來領導這個新興的民族，大唐文明開花結果了。

可惜的是大唐文明以後，中華民族的創造力便如強弩之末，不再有包容力、不再尊重土地、也不再相信人民。接下來的打打殺殺，都祇為了控制，為了壓倒對方，新的文明也不再誕生了。

雖然當時的中國人是最有能力發展海洋文明的，不論財力或科技，在實力上都足夠，但心胸太小了，一味想控制的心，使偉大的海洋文明胎死腹中。直到鄧小平南巡，重申發展海洋文化，但老鄧太老了，包容性及生命力不足，還是看不到一點新文明的契機，堪稱可悲可歎。

鴉片戰爭以來，一百多年間，中國承受列強欺凌的苦難，以及台灣開創四百年的坎坷歷程，使兩岸的華人，心靈深處因受創而極不健康。報復、排斥、控制的欲念深植骨髓，根本談不到什麼創造文明的力量了。

斷絕一千多年的文明創造力能否再現？華夏、大漢、大唐的絕代風華能否又起？端看兩岸華人有沒有能力和智慧讓自己恢復健康。自大、跋扈或許會讓受傷的心得到一些紓解，但絕不可能健康。四千多年來，打打殺殺中，殺死中國人最多的，不是異族，而是中國人自己，祇有徹底面對歷史真相，深入反省過去的愚蠢，才有可能讓我們變得聰明有智慧。

◆回歸自然，放下執念

《易經》是我們祖先留下來的最高智慧，用以詮釋宇宙的秩序，可惜後代子孫對這方面的研究一直不夠深入，反而喜歡在算命及迷信中打轉。《易經》其實是數學，是我們祖先用來觀測宇宙萬物的簡單工具。人類也是宇宙的一部分，也是宇宙能量演進的一環，因此人類的生命和生活，並沒有離開《易經》的道理。

德國大數學家萊布尼茲（Leibniz），便從中國的《易經》演化出二進位和微積分的道理，讓人類的科技能力有了重大的突破。

反觀中國人祇知道執著於文字，熱中流行讀經班，每天死記活背表面文字，以為背住了、就懂了，中國文明無法推進，根源便在這裡。祇驕傲於表象的文字，老祖先的智慧根本一樣也沒學會。

佛陀在《金剛經》中表示，祇在表相上看到我的，祇記住或聽到我的話的，其實根本不認識我、不了解我，是誤解佛、蔑視佛的，但大多數人對佛經中佛性理解的興趣不高，反而比較喜歡誦經持咒。

《易經》中，地天為泰䷊，天地為否䷋。天在地之下，天地才能交通，陰陽才會協調。中央必需尊重地方，地在上、天在下，地才是主體，天是在助成地的，至少在人的世界中，地比天重要。物理實體上，天在上、地在下，但能量交流上，地才是主體。說上下，其實是錯的，宇宙是圓的，沒有上下和高低，祇有內外，地在內，天在外。

陰陽相交是宇宙能量運行的程序，上下高低是人的感官錯覺而已，並非真理，真相是所有東西都必須陰陽交集、協調。

地的能量下沉，天的能量上升，所以天在下，地在上，陰陽才能相交，萬物因而衍生，生命力才能創發，否則天往上，地往下，陰陽不交，生命力自然止息。

中國文明停滯了，自認為天，高高在上，土地不再有力量，生命力也斷絕了。

人類必須尊重腳底下的土地，大地是我們唯一的母親，土地能量由腳底湧泉穴進入我們的身體，是生命力的根源。這是具體的事實，而非想像的概念，人類總是太注重頭腦而忽視腳，所以無法腳踏實地，無法本土化，總是執著在那虛無空洞的觀念上。是以，「民為貴，社稷次之，君為輕」，這不是概念，也不是口號，而是宇宙的秩序。

人類執著在自己的想法，一大堆虛偽的理念，讓我們觸不到真相，使人類社會充滿著恐懼混亂。

天子是最下位的，天子要為天下人服務，尊重那最下面的，便是尊重土地，這便是本土化。本土化而非概念化，才能尊重真正的生命。思想是假象，想法是混亂的根源，放下思想才能立足在真相上。所以為政必須重視地方分權，而非中央集權，天子是團結和諧的象徵，儘量無為，南面垂拱，讓每個單位去發展他們的生命力。

◆格物致知——透過物理看眞相

老子說：「江海之所以為百谷王者，以其善下之，故能為百谷王。」又說：「治大國、若烹小鮮。」要非常小心謹慎。

「大國者下流，天下之交，天下之牝。」

老子說的不是理念，不是想法，而是物理上的真相。大唐文明衰沒後，中國的原創力也停滯了，新的文明未再產生，反而變得僵化而自大。關鍵期在宋皇朝，憑心而論，宋皇朝的名君、名臣、名將可謂歷朝之冠，創業之君趙匡胤也是位用心又認真的好領導者，清廉自守，工作努力，為何無法力挽局勢？從哪兒跌倒，不妨再回到那個地方，看能否站得起來。筆者曾寫過《北宋危機管理》（遠流實用歷史叢書48），用企業經營的眼光，來檢討北宋皇朝在環境適應上的挑戰及成敗。

本書將更觸及中國文明失敗前的最後掙扎——南宋的破產重整，這次挑戰的失敗，中國文明的融合力及創造力斷絕了一千多年，長久淪於外來政權的統治中，本土的生命力枯乾凋零了。其實，不論主和的秦檜或主戰的岳飛及韓世忠，這段期間人才輩出，各有自己的理念及堅持，卻反而跌進了無止盡的大悲劇中。

本書試圖跳脫傳統的歷史觀——漢族本位主義及傳統忠君愛國的意識形態，以物理學，較客觀的角度，看各民族在中國這塊土地上的交集及互動，以檢討和探索為何不再綻開燦爛的新文明，特別是新興的女真族（包括金國和清國）日後也主導了這塊土地的文明很長一段期間，為何始終祇扮演外來政權的角色，不再和本土融合。我們期待展現一個土地及人類能量互動與發展的故事，而跳開意識形態的羈絆，給這個時代一個嶄新的詮釋。

每次寫作都是新的挑戰，這幾年研讀易理、老莊、兵法等作品，逐漸領悟，生命最重要仍在「物」，所謂的「格物致知」，衹有從物性才能回歸真理。擺脫想法，放下思考，嘗試由物理學來看歷史的真相，對筆者而言，這是個極為困難的挑戰，衹是這個老頑童，歷經生命的打擊後，仍希望能貢獻一得之愚。

目錄

第三篇　鷹派抬頭

第四篇　政治鬥爭

第五篇　同體大悲

岳飛和秦檜・從《易經》原理看南宋鷹鴿兩派的論爭

怒髮衝冠，憑欄處，瀟瀟雨歇。
抬望眼，仰天長嘯，壯懷激烈。
三十功名塵與土，八千里路雲和月。
莫等閒，白了少年頭，空悲切。

靖康恥，猶未雪；臣子恨，何時滅。
駕長車踏破賀蘭山缺。
壯志飢餐胡虜肉，笑談渴飲匈奴血。
待從頭，收拾舊山河，朝天闕。

——岳飛・滿江紅

第一篇　危機四伏

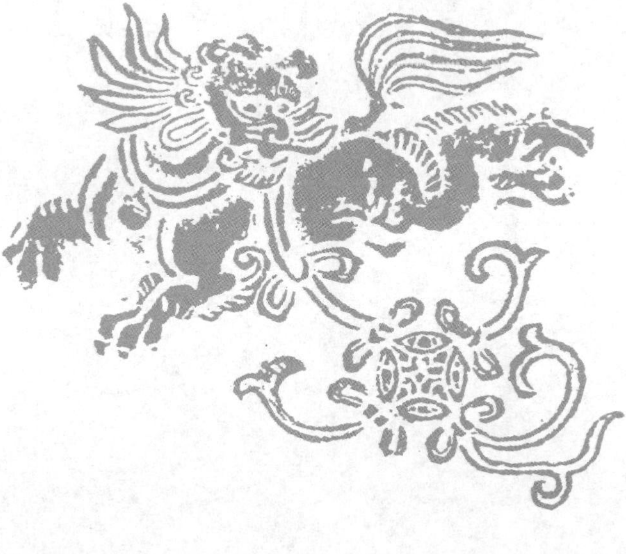

遙望中原，荒煙外，許多城郭。
想當年，花遮柳護，鳳樓龍閣。
萬歲山前珠翠繞，蓬壺殿裡笙歌作。
到而今，鐵騎滿郊畿，風塵惡。

兵安在？膏鋒鍔。民安在？填溝壑。
歎江山如故，千村寥落。
何日請纓提銳旅，一鞭直渡清河洛。
卻歸來，再續漢陽遊，騎黃鶴。

——岳飛‧登黃鶴樓有感（調寄滿江紅）

第一章

改革的風險

◆洞開的北方門戶——燕雲十六州

西元一〇八五年，宋神宗元豐八年，皇帝趙頊去世。趙頊是中國歷史上少見用心又認真的皇帝。他雖是前任皇帝宋英宗趙宗實之子，但和北宋一代名君宋仁宗趙受益卻並非直系血親。

宋仁宗在位四十一年，是北宋皇朝最安定的和平盛世。趙受益無子，由其堂兄濮王趙允讓之子——趙宗實過繼為子，是為宋英宗。

宋英宗在位四年去世，子趙頊即位，便是宋神宗。宋神宗繼位時，祇有十九歲。

宋皇朝創國以來，東北方的契丹一直是個大患。五代時的後晉皇帝石敬瑭，是後唐皇帝李嗣源的女婿，為奪取皇位，卻勾結契丹族入侵中原，割讓了燕雲十六州作為報酬，並自稱是契丹的兒皇帝。燕雲十六州，包括了河北省全部和山西省的軍事重鎮，燕州是現今的北京，雲州則是大同。燕雲十六州喪失，使中國北方門戶洞開，對契丹的防禦工作，成了歷代皇帝最頭痛的事。

創業始祖宋太祖趙匡胤一生節儉，即使做上了皇帝也祇有上朝時的龍袍是綾錦作的，其他大多是絹布，和一般小官無啥差別，而且一洗再洗很少換新。

宮廷中的簾幕也都用青布做成，陳設上更力求簡樸。女兒永慶公主有一次穿了一件翠羽作成的短襖，太祖見了立刻責備道：「你知道這件衣服需要多少翠鳥的生命才能做成，身為皇族穿這樣貴重的衣服，會引起別人爭相效尤，這會養成社會的奢侈風氣，不准穿！」

皇帝坐的轎子，也是用後周皇朝留下來的，舊得連色澤都脫落了，永慶公主勸他刷新並裝飾些黃金，顯得華貴些，宋太祖聽了，歎氣道：「不要說用黃金裝飾轎子，就是用黃金打造宮殿我也做得到，可是黃金是國家的，我要為天下人守財，絕不可亂用。」

宋太祖的內宮，幾乎也是歷史上最簡樸的，宦官祇有五十餘名，宮女也祇有兩百多名，他尚且認為太多，還遣散了自願出宮的五十餘名。在征伐北漢途中，正逢七夕節，他送給在汴京的母親和妻子的節禮是，太后三貫錢，皇后一貫半。

他不是真的沒有錢，如此節省不久後，他便為國家累積了不少財富，征服天下的戰爭，又取得投降國家很多珍奇異寶，宋太祖全數收入國庫，祇有國防軍需及賑濟天災時，才會拿出來用，建國不久，三十二個國庫便堆滿了金銀財寶。

宋太祖一生反對流血，他認為軍士及百姓的生命最重要，錢財能解決的絕不動用武力，在這方面，他又是史上最慷慨的皇帝，他公開主張用金錢買外交，用金錢買國防。

為了國內安定，結束唐末及五代十國的亂世，他力行中央集權及文治主義，面對強敵威脅，他深知宋皇朝軍隊沒有打贏的把握，他拚命累積國家財富，是想用「備價轉贖」的手段，向契丹買回燕雲十六州。

他曾對閣員表示：「石晉割燕雲以賂契丹，使一方獨陷外境，朕甚憫之，欲俟斯庫所蓄滿四五百萬，遣使謀於彼，倘肯以地歸於我，則以此酬之。不然，我會以二十匹絹購一胡人頭，彼精兵不過十萬，祇費我二百萬匹絹，則虜盡矣！」

可惜，壯志未酬身先死，這個遺願一直未曾實現。接下來的皇帝，再沒有像他這樣吝嗇又肯花錢，所以贖回燕雲十六州的計劃，一直未曾真正推動。

◆弱國無外交，銀彈買和平

宋太宗即位後，多次向契丹用兵，卻連遭慘敗，宋真宗時更發生了澶淵之盟，表面上宋皇朝佔了優勢，其實是花了不少錢，才取得和平。真宗也因心理壓力太重，變得奢侈揮霍起來。

直到仁宗即位後，才重行掌握創業時的精神，節儉治國，並以金錢解決戰爭，求取國家和平。一方面努力發展經濟，充實國庫，並進行政治革新。

仁宗即位不久，便發生契丹強迫通婚的危機，幸賴傑出外交家富弼努力斡旋，才以增加歲幣解決。朝臣王拱辰向仁宗進言，表示富弼以增添金帛作為外交手段，有賣國之嫌，仁宗斷然表示：「朕所愛者土地及人民，錢財金帛沒什麼值得珍惜的。」

王拱辰表示：「這些錢財金帛不是也取之於人民的嗎？」仁宗道：「國家的財庫金帛，並非一日徵得的，每年賜贈一些給夷狄，也不致於因而困民，如為此事發動戰爭，反而會使歲出驟增，又要犧牲百姓的生命，倒不如用錢財解決好。」

王拱辰又上言：「犬戎（指契丹）貪而無厭，對中國常會得寸進尺，且陛下祇有一女，萬一他們吃到甜頭後又強行求婚，陛下打算怎麼辦呢？」

仁宗正色表示：「祇要有利於國家，朕絕不會痛惜自己的女兒。」

王拱辰為之語塞，歎道：「臣想不到陛下會為了愛民，如此委屈自己，真堯舜之主也。」

當然仁宗也不是軟弱的皇帝，他一方面忍耐，一方面發展經濟，一方面更努力革新時政，增強國家的武裝力量。他任用范仲淹、韓琦等力行革新，但也因此和主張穩定的大臣呂夷簡發生了衝突，因此產生了慶曆年間的新舊黨爭。

◆新舊黨爭的開始

呂夷簡代表舊派，他主持中書省（約今行政院）達二十年，是宋皇朝開國以來，最得皇帝信任的宰輔，因此班底派系非常龐大。

革新派的領袖是憂國憂民的范仲淹，宋皇朝的重要名臣韓琦、富弼、杜衍、歐陽修等皆屬之。他們對呂夷簡在用人上太拔擢自己黨羽很有意見，范仲淹便上書直接批評呂氏黨。呂夷簡則彈劾范仲淹越權，將范下放到饒州（江西）。這件事讓歐陽修非常不滿，上書為范仲淹辯解，卻被呂氏黨主政的幕閣下貶為地方官，不得參與中央政事。

但革新派不甘罷休，由蘇舜欽、葉清臣等輪番上陣為歐陽修等申訴。慶曆三年（一〇四三），宋仁宗召回歐陽修出任諫官。歐陽修上書〈朋黨論〉，力言「君子之朋」和「小人之朋」的不同，主張退後者用前者的議論，仁宗深受感動。是年，范仲淹、韓琦等再度回到中央任官。不久，仁宗便任命范仲淹為參知政事，大力推行政治革新，韓琦等同為執政，范仲淹大幅罷黜舊官僚，使新舊黨爭更為嚴重。

後來，呂夷簡以太尉職，調往鄭州，范仲淹也以西夏邊防緊張，主動請辭參知政事，出任陝西及河東宣撫使，親自站到國防前線。

范仲淹主政時，求治心切，常作出非常大幅度的革新政策，削奪不少特權階級利益，引起既得利益的舊官僚嚴重不滿，祇是范仲淹掌握大權，深得皇帝支持，舊派不敢明目張膽抗拒，等到范仲淹一離開中央，舊官僚立刻群起而攻之，連職業外交官富弼也受牽連被迫離職，改出任河北宣撫使。

范仲淹赴任途中，禮貌性地前往拜訪政壇耆老呂夷簡。呂夷簡年歲已大，處於半退休狀態，見到范仲淹到鄭州大為吃驚，問道：「足下為何離開京城？」范仲淹答以邊防事緊，暫時前來理治陝西及河東兩路，等事情定了再回京城。呂夷簡歎息道：「足下離開了朝廷，那些人那會讓你再回去？」范仲淹怔了半天，才體會出其中的道理，懊悔不已！

呂夷簡雖為特權階級的舊派大老，但仍擁有政治家為國為民的風範，也頗認同范仲淹改革圖治的重要性。朝中的舊黨政客可沒有呂夷簡的心胸，他們為了自己的前途，幾乎不擇手段的奪權，影響皇帝的決策。不久，杜衍也辭職了，范仲淹所作的努力幾乎全被廢棄，革新派人士也遭到排斥，連大老級的重臣韓琦也被迫下放出知揚州。

任職河東轉運使的歐陽修，立刻上疏仁宗，明言「朝廷小人當權，賢臣受排斥，絕非國家之福。」但也因此獲罪，改任滁州知事。此後，仁宗慶曆革新的開明人士全都離開了朝廷，特權舊派復辟，祇剩下年邁的御史中丞包拯（即小說中的包青天）一人獨撐清流，但終究產生不了太大作用。後來韓琦雖又恢復相位，但整個國家的政治及社會上已問題嚴重，北宋皇朝喪失了溫和改革的最後契機。

◆年輕皇帝登場

嘉祐八年（一〇六三），宋仁宗去世，仁宗無子，由其皇叔趙天份之孫趙宗實——仁宗之姪，繼位是為英宗。

治平二年（一〇六五），英宗趙宗實下令群臣商議如何尊奉其生父濮王趙允讓，引發「濮議」之爭。天章閣待制司馬光、翰林學士王珪、侍御史呂誨等以「為人後者為之子，不得復顧私親，應稱叔父仁宗趙受益為父，稱生父濮王趙允讓為伯」。

昭文殿大學士監修國史韓琦，參知政事歐陽修等，以為「出繼之子，於所繼所生，皆稱父母，應稱生父趙允讓為父。」

此議，引起司馬光一派人士非常不滿，侍御史范純仁、監察御史呂大防及呂誨等，上書表示韓琦、歐陽修為奸邪，應先斬二人以謝天下。仁宗之妻曹太后下詔，命趙宗實稱生父趙允讓為父，范純仁三人反遭貶職。

濮議之爭，使內向又神經質的宋英宗備感壓力，在位不到四年便去世了。其子趙頊嗣位，是為宋神宗。

十九歲的宋神宗和他軟弱的父親完全不同，他積極主動，深具雄心。據說神宗即位不久，有次穿著全副武裝的盔甲去見當時的曹太皇太后（仁宗后），興奮地表示：「娘娘，您看我像不像個大元帥？」

他詢問年老的宰相富弼，怎麼做才能富國強兵？充滿無力感的富弼祇好表示：「陛下剛登基，應布德行惠，臣願國家二十年不動干戈。」

的確，北宋在這個時候，國防已經非常吃緊，不說北方實力如日中天的西夏和遼國（契丹），光是應付南方的交趾、西方的諸羌、西南的瀘夷，都已使北宋不多的武裝部隊疲於奔命了，難怪年輕氣盛的神宗會按捺不住。

宋神宗在中國歷史上稱得上是一位模範皇帝，他心繫國事的誠心與認真程度，大約祇有主持商鞅變法的秦孝公可堪比美。這兩位「大變法期」的最高領袖具有相似的人格特質，他們憂心國事，刻苦自勵，史籍上記載，神宗從不狩獵飲宴，忙起來時更是廢寢忘食，直到天黑才用餐。

眼看名士派的革新家，說的比做的多，神宗打算起用當時備受爭議的改革理論大師王安石。

◆體恤百姓的改革者

王安石是位絕頂聰明，清廉又富風格的政治家。他淡泊名利，不苟於世俗流風，大膽又富創意；由於專注力過度，私生活上不免顯得怪異，在名士派眼中，他是介於「天才」和「白癡」之間的一個怪人。很多人認為講理論，王安石絕對傑出，但由他負責實際政務運作卻可能會出現大差錯。

神宗即位之初，由韓琦和曾公亮擔任宰相。韓琦年歲已大，幾年的挫折及奮戰使他倦極思歸，要求告老還鄉。神宗苦留不住，授以司徒兼侍中的高官，安排他為相州節度使。韓琦辭行時，神宗問他：「王安石可否主持國政？」韓琦坦白表示：「王安石為翰林學士有餘，居宰輔地位則不足。」

老宰相曾公亮則對王安石頗為支持，他向神宗表示：「介甫（王安石字）真輔相才，心不欺罔。」但也祇是認同王安石的人格，對日後的變法，曾公亮也有嚴厲的批評，變法展開不久，他便告老還鄉了。

王安石的變法日後雖然遭到嚴厲批評，但即使是他的政敵也不得不承認他是位有才氣、很正派又清廉的政治家。他推動的新政，以現代的眼光看，仍頗具創意，甚至可以說是人類歷史上第一位具體提出「經濟掛帥」主張的人。在一千多年前，能夠如此清晰主張並提出具體做法的，似乎也找不出第二個人了。

王安石字介甫，臨川（今江西省清江）人，父親王益是改革派大將，任職臨江軍判官時，因不肯催逼貧民賦稅，得罪不少貴族豪戶，因此得不到升遷，終老都在基層地方官南北來去。

王安石性喜讀書，博文強記，幼年時隨父親走南闖北，了解各地風土民情，對百姓的生活有實際體認。古今政治及經濟上的變革更是瞭若指掌，而且口才極佳，引古證今，頭頭是道，聞者無不折服。

二十二歲應試，王安石以第四名進士派任淮南判官。基於早年的生活經歷，他非常關心農民生活。五年後，調任鄞縣知縣。任內他大膽將官倉裡的存糧低利貸予農民，不但讓農民免去高利貸的剝削，而且使官倉裡的存糧得以汰舊換新，公私兩利。這個時候，已可看出王安石日後變法的雛型了。

王安石是一位真正想為民服務的理想主義者，文治主義下的北宋知識分子，一向不屑繁雜的地方父母官工作，但王安石卻樂此不疲。他明白表示要藉著地方官的職責，將自己的所學貢獻給人民。在古代的官僚體系裡，有這樣志願的人可以說絕無僅有。

即使日後，在歐陽修極力推薦下，他赴中央為朝官，仍一再申請外調。上書十餘次，總算獲准出任常州知事。他時常單獨騎馬到鄉下拜訪農民，和他們坐在大樹下聊天，一點官架子也沒有，親民的作風比他驚人的文才更讓人訝異。

在常州一年多，王安石調任江南東路提點刑獄。他不顧權貴及豪戶反對，建議廢除江南東路「榷茶法」（茶葉專賣制度），准許民間自由買賣，使得原先價格高漲的茶價開始回穩，農民也獲得實質好處，政府的茶稅也增加不少。但也因此，王安石成為特權階級的眼中釘。

由於薦舉的人太多，仁宗再次將王安石調回中央，出任三司度支判官。這是職務較低的中央財經官員，雖然官位不高，實權不大，但王安石仍熱情地以他十六年的地方官經驗，向宋仁宗上了一封萬言書，強烈主張當時的制度，已不符合時代需要，特別是理財不得法，造成公家和民間財政匱乏，他主張「因天下之力，以生天下之財，取天下之財，以供天下之費」，但未獲得當局的重視。不久，又調任知制誥（皇帝祕書），負責為皇帝擬稿，並經常出任考試官，因此他又動腦筋要改革考試制度，以為國家培育真正可用的人才。

◆新銳登場，新政起跑

熙寧二年（一〇六九），宋神宗任命王安石為參知政事——也就是副宰相。這年王安石四十九歲，正值男人生命中最具挑戰性的中年期。

王安石拜相，新舊兩派中都有不少人反對。新派人士中反對最力者是當年彈劾文彥博轟動朝野、這時官轉參知政事的硬漢唐介，他聽到王安石也進入閣僚，立刻向宋神宗抗議，力言王安石難當大任，神宗很不高興表示：「王安石是學力不佳、經術不足、還是吏事能力不夠？」唐介回答：「王安石雖好學卻泥古不化，議論迂闊而不切實際，若使其執政，定會弄得天翻地覆。」

唐介退朝，轉向宰相曾公亮表示：「王安石為相，必會使天下遭到困擾，公為宰相，當自知之。」

神宗在唐介退出後，也問侍讀孫固：「王安石可以為相嗎？」孫固表示：「王安石之才頗高，可居於侍從，以論議國策並提出建議。但宰相要寬宏大度，安石器量狷狹，不宜居相位，不如重用呂公著．司馬光等人。」

神宗不以為然，仍拜王安石為副相。

老宰相富弼對王安石大刀闊斧的變革也不以為然，他以年紀老邁，足疾日益惡化辭官，神宗下令外調亳州。辭行時，神宗問：「誰可代卿為相？」富弼答道：「文彥博可。」神宗問：「王安石如何？」富弼顧左右而言他。副相唐介更是不斷提出反對議論，不久便憂憤成疾，背瘡發作去世了。

另一位和前期的包拯齊名，有鐵面御史之稱的副相趙忭，也常在朝議中和王安石爭得面紅耳赤。由於神宗幾乎一面倒偏向王安石，趙抃自覺無趣，便向皇帝請辭出知杭州去了。老宰相曾公亮也申請退休，朝廷中的老人幾乎都走光了。

至此，神宗衹好以王安石為中心，另行組閣，除以韓絳同任宰相職外，並延覽幾個得力助手，包括：呂惠卿、程顥、蘇轍、劉彝、曾布、章惇等人，開始進行全面性的革新變法。

反對王安石拜相的，大部分是年紀較大的重臣。少壯派對王安石都相當支持，甚至連舊派的年輕領袖司馬光，也對王安石表示信任及好感。

同屬舊黨的大老呂誨，在上朝途中碰到司馬光，他表示今天要上章彈劾王安石，司馬光大吃一驚，說：「以介甫的文才和能力，任命之日，天下眾民皆喜得人，您為何要彈劾他？」

呂誨面色沉重地說：「怎麼連您也看不出來？王安石雖有實學才幹，但在大問題上常執於偏見，不通人情，容易走極端，衹喜歡聽與自己相同的意見。他的政策聽起來有道理，實際做起來則不是這麼一回事。若為侍從議論角色或許會有不錯的貢獻，但出任宰輔，天下必亂矣！」司馬光大不以為然。

呂誨在彈劾文中，一再指出王安石「大奸似忠，大詐似信」。神宗兩度下令呂誨撤銷彈劾文，呂誨不肯，神宗衹得將他免職。

◆改革路上匹馬單槍

熙寧二年（一〇六九），宋神宗與王安石展開了中國歷史上最為驚天動地的政治大改革。有關王安石變法的內容、過程及成敗分析，拙作《北宋危機管理》（遠流實用歷史叢書48）已有詳述，在此不贅。

其實，新法一展開，便受到舊官僚派的圍剿，最後少壯派也群起攻之；連早年私交不錯的司馬光也成了王安石的頭號政敵；原先推崇他的歐陽修及文彥博，感情深厚的老友蘇軾，也公開表示批評；最後連他的新政班底程顥和蘇轍也都背叛了；新黨的中堅分子呂惠卿及章惇等人，也祇是想藉機獲得更高的權位，並不完全支持他。

有時連神宗也不免失去信心，他問當時龍圖閣直學士司馬光：「漢王朝常守蕭何之法，不變可乎？」司馬光答道：「何祇漢也，使三代之君，常守禹湯文武之法，雖至今仍可也。」

不過，神宗對變法的需求，比王安石更強烈，也承擔著更大的壓力。他廢寢忘食地和王安石討論變法，甚至所有的實施細節。君臣兩人孤軍奮戰，終日都處於最緊張的鬥爭前線。然而，新法在實踐上還是一一失敗了，

大老韓琦三次上奏章，攻擊「青苗法」禍國殃民。神宗為顧全大局，本有意廢止，王安石便

提出辭呈，神宗於是作罷。

王安石一次又一次地提出辭呈，直到熙寧七年（一〇七四），國內發生了大饑荒，言者均以推行新政不吉，天降災禍示警；尤其是新法中極為重要的「市易法」，執行上又出了差錯，神宗不得已才批准了王安石的辭呈，讓他回江寧休息。但朝中仍以新政班底的韓絳為宰相，呂惠卿為副相，繼續推動新政。

呂惠卿是個居心不良的政客，為了推卸責任，將新法的失敗全歸咎給王安石，引起神宗不滿；又和韓絳常有衝突，神宗屢次協調不成，呂惠卿最後提出辭呈。神宗深感呂惠卿才能雖高，但器量狹小，再度下令召回王安石。

但新政的推行還是非常不順利。神宗畢竟年紀太輕，壓不住陣腳，使王安石成了眾矢之的；加上兒子王雱因病去世，王安石心灰意冷，再度辭去相位，回到江寧，完全退出了政治舞台。

王安石二度執政，不滿一年；從新政開始推行以來，也不過五、六年的時間。

◆安石須說，安石須說

退隱後的王安石，居住在江寧城（南京）外鍾山的半山園，疏落的翠竹陪襯著幾間小木屋，屋內非常簡陋，甚至連圍牆也沒有。除了幾個老僕外，祇有一位驢伕。他經常騎著驢子到處遊逛，和老農夫閒話家常，隨身帶著幾本書，常坐在大樹下閱讀及沉思。

有一次，他的老部屬陳升之判揚州太守，官船經過江寧，王安石聽說老友要來，便坐著推車到江邊等候。祇見陳升之大小官船數十艘順流而下，由於官船太大，在江中回了幾次才靠岸。船上排刀鏜叉，長鐘畫戟，全副官服的陳升之威風無比坐在船頭。當他猛抬頭，看到江邊一位穿著庶民衣服的老人，竟然是名震全國的前宰相王安石時，不禁慚愧得立刻起身，自己跳下船來，向老長官作揖問好，讓全船官兵驚愕不已。

神宗元豐七年（一〇八四），王安石退隱的第九個年頭，得了一場大病，本以為治不好了，卻又康復了起來。從此，王安石變得更恬淡豁達，他把半山園及旁邊的薄田全捐給了寺廟，自己搬到城中的小房子住了下來。

碰巧，蘇軾也被貶謫汝州，路經江寧，特別前來探視王安石。蘇軾雖反對新法，但和王安石間私交仍篤。王安石得知蘇軾要來，騎著小毛驢親自到江邊迎接。身穿便服，坐著普通便船的蘇軾看到王安石，連帽子也來不及戴，便由船頭跳下岸來，打躬作揖表示：「今日蘇軾敢以野服拜見大丞相！」王安石大笑道：「禮節豈是為我們這種人而設的嗎？」

兩人攜手入酒肆痛飲一番，蘇軾特別花很長的時間陪著王安石談古論今，由政治到佛學又到文學，往日的政治對立，並不影響兩人之間真摯的友情與相互崇拜。

依《宋名臣言行錄》記載，酒過數巡，蘇軾突然很正經地向王安石表示：「軾欲有言於公！」王安石以為蘇軾又要辯論新政問題，默然無言。蘇軾卻表示：「我要說的是天下國家大事！」王安石無奈地回答：「請說吧！」

蘇軾表示：「大兵、大獄是漢唐亡國的最大徵兆，太祖以來仁厚治天下，正能革除此弊，現在西方連年用兵，國內又數興大獄，先生竟不發一言地隱居於此嗎？」王安石也鄭重表示：「二事都是呂惠卿發動的，安石在外，不在其位不謀其政。」

蘇軾又說：「在朝時論政，不在朝時便不管事，這倒是天下之常禮。但皇上待您可不是以常禮，難道您祇能以常禮來侍奉皇上嗎？」王安石深受感動，老淚縱橫，大聲叫道：「安石須說，安石須說。」

蘇軾便是這種不獨善其身的硬漢。他一生仕途非常坎坷，還被外放海南島，直到徽宗上位的大赦才有機會回京，可惜在歸途中便病死了。儘管時運不濟，卻不見這位大文豪留下的詩詞中，有半點消極意念，難怪王安石常稱讚他，「不知幾百年，方有如此人物！」

這也是兩人最後一次相處，臨別時，王安石向蘇軾道出他終身的政治理念：「人須是知『行一不義，殺一不辜，得天下弗為』（原孟子語）乃可！」蘇軾戲言道：「今之君子，祇要能爭得早半年升官，雖殺人也絕對會爭著去做！」

王安石笑而不答。

◆老臣他日淚，湖海想遺衣

元豐八年（一〇八五）三月，宋神宗以三十六歲英年去世。

神宗一心一意力求恢復北宋的國勢及威信，日以繼夜地為政事憂勞，想不到惡運不斷。王安石變法失敗，新舊兩黨吵翻了天；財政問題惡化，人民叫苦連天；對遼國、西夏、吐番的軍事行動又嚴重受挫；連對交趾的外交談判也失敗了。種種挫折，使神宗近於崩潰。不久，便憂勞成疾，一病不起。

王安石在江寧聽到神宗駕崩，悲痛萬分，哀悼詩中以「老臣他日淚，湖海想遺衣」表達他對故主的悼念。

此後，王安石變得鬱鬱寡歡，「每山行，都恍惚獨言若狂者」，他用手指不停寫著「福建子」（指呂惠卿），痛恨他的不仁不義，造成神宗變法的失敗。不久，他又聽到新政中的「保甲法」、「市易法」、「方田均稅法」一一被廢止，深感椎心之痛。

元祐元年（一〇八六），新宰相司馬光欲罷「免役法」，恢復「差役法」，給事中范純仁及右司諫蘇軾均建言：「免役法類於唐制，差役法不可復，願虛心以延眾論，不必謀從己出。」司馬光不允，仍下令廢止。

王安石聽到消息，大叫道：「廢不得，廢不得，這是我和先帝研究兩年之久才頒布施行的，免役法絕對沒有任何缺點，廢不得。」

眼看一生心血、國家前途、民間正義一一被無情地摧毀，在憂國憂民的感傷下，六十六歲的王安石也崩潰了。

同年，司馬光也因憂煩國事，一病不起。

為了推行新法，王安石不得不和當時的「正人君子」正面衝突。更不幸地，集結在他身旁的新黨——呂惠卿、章惇以及日後的蔡京、童貫都是奸佞小人，王安石本人也被說成「大奸似忠，大詐似信」。連朱熹將王安石編入《宋名臣言行錄》，都遭到後世儒家學者的反對及批評。明朝馮夢龍所編的《警世通言》第四卷「拗相公飲恨半山堂」，便是痛罵王安石的故事。藉老頭子口中直稱「若見此奸賊（指王安石），必手刃其頭，刳其心肝而食之」，把王安石寫成北宋亡國的罪魁禍首。

這是南宋很普遍的民間心態，他們將亡國責任全推給新政的失敗；新黨都是小人，舊黨全是君子。當年有能力逃到江南繼續成為南宋統治階級的，大多是豪門巨室，他們自然視王安石如洪水猛獸，一代政治奇才，從此蒙受千年的冤情，即使目前的歷史課本，也大多採取此一觀點，其實是有欠公允的。

王安石的思想絕對是忠君愛民的，以當時的環境而言，他的變法也有絕對的合理性。他的失敗是敗在太過心急，疏忽了龐大官僚體系在執行新法上的困難，致使功利掛帥的小人得勢，扭曲了新法的真義，老子說：「治大國，若烹小鮮！」不得不警惕啊！

至於王安石本人，我們更不應以成敗論英雄，無論如何，他都是一位有眼光、有操守、有理想、有勇氣的偉大政治人物。

〔陳文德說評〕春秋時代，管仲和齊桓公花了四十年的時間，革新圖強，使齊國成為春秋五霸之首。戰國中期，秦孝公和商鞅的變法，前後也用去二十年之久，可見改革是需要時間和耐心的。

齊、秦兩國，幅員不大，國內各種力量的均衡尚稱簡單，而且位居東西兩方，遠離中原的鬥爭，使他們有時間慢慢適應革新的動盪。

改革需要決心、耐心和積極，但熱情的改革者最缺乏的便是耐心，為了儘快完成理想，使他們的方法有瑕疵，急於成功，反而使情況失去了掌握。

孫中山的革命，和袁世凱的妥協，造成民國初年長期的軍閥對抗。所謂寧靜的革命，無智名、無勇功，改革者的耐心似乎是最重要的。

《易經》中的革卦，離下兌上，澤火䷰革。澤在火上，澤水下流，火氣上升，相互衝突，必相息也，故有革變。澤水能滅火，離火會蒸發水，兩者相剋。

革卦卦辭曰：「革，己日乃孚，元亨利貞，悔亡。」

天干中，己排第六，己是天干的下半段，顯示改革需要醞釀，必須堅持很長的時日，不可急，故己日乃孚。

改革必須有決心，要有剛強、不怕困難的勇氣，堅持又有耐心，成功不必在己，等待革變力量自己成熟，努力不懈，是以元亨利貞，乾卦能量的本質也。即使這樣也祇能悔亡而已，而非大吉。

革變很可能引來悔恨，故無悔則吉也。

象辭曰：「澤中有火、革，君子以治曆明時。」

澤中有火，是違反物理學的，有這種現象，必有重大變革，所以要小心，要徹底去明白其中隱情。改革是急不得的，要配合客觀情勢的演變，不可強求，否則有大險，所以要有時間表，客觀的時間表，是以要治曆明時，理解時空及磁場的演變。

象辭中，孔子寫道：「革，水火相息，二女同居，其志不相得，曰革。」

澤，水也，水火能量相對等，相剋又相生，故曰息。水滅火，但水中的氧氣也會助長火勢；火蒸水，會增加水汽的動力，但也會蒸乾水分。這樣的衝突，故有革變。女者陰能也，火中女，澤少女，故稱二女同居，陰能能量內縮，故易相爭鬥，這都是革變時的特色。

變動造成不安，是以革變中，信任和信心非常重要，是以「革而信之，文明以說」，由火而澤，火文明，澤喜悅，故文明以說。「大亨以正」，革必須正道，否則經不起時間考驗，「革而當，其悔乃亡」。

正當、有效的革新，才能無悔，否則祇有革，風險是非常大的。

革卦有六個步驟，顯示在六爻上面。

「初九，鞏用黃牛之革。象曰：鞏用黃牛，不可以有為也。」

革變的開始，就必須能量夠成熟，時間不可太急，不能祇是理想，必須大家先有共識，這也是象辭的後段「天地革而四時成，湯武革命，順乎天而應乎人，革之時義大矣哉」的警語了。

「六二，己日乃革之，征吉无咎，象曰：己日革之，行有嘉也。」

就算有共識了，還是要能量成熟，故還是要等待己日，否則「呷緊弄破碗」。

「九三，征凶，貞厲，革言三就，有孚。象曰：革言三就，又何之矣！」

就算這樣，還是很辛苦，九三終日乾乾，夕惕若。革變時，九三就要有辛苦無比的心理準備，故「征凶，貞厲，革言三就」是九三對應上六，要誠心溝通，說服九四、九五，才能跳到上六。

「九四，悔亡，有孚，改命吉。象曰：改命之吉，信志也。」

革變進入外卦了，努力有了成果，所以能夠悔亡，大家都有信心了，自然改命吉了。

「九五，大人虎變，未占有孚。象曰：大人虎變，其文炳也。」

九五是革變的主角，經過初九、六二、九三、九四，革變完全成熟了，順乎天，應乎人，任何變革，風險自然消失，大人虎變了。

「上六，君子豹變，小人革面。征凶，居貞吉。象曰：君子豹變，其文蔚也。小人革面，順以從君也。」

不論虎變或豹變，都是徹底的變，君子領導，小人順從，革變自然不會有問題了。

革，澤火䷰，綜卦成火風䷱鼎。革是手段，鼎才是目的，新的局面出現了，否則一直是革命尚未成功，可要害慘老百姓了。

第二章

新黨的墮落

西元一〇八五年，宋神宗駕崩，子趙煦繼位，是為宋哲宗，年僅十歲。皇太后高氏垂簾聽政。她是徹底反對新法的人，因此立刻召回舊黨的精神領袖——司馬光。

◆新法不廢，國家將衰

辭去翰林學士的司馬光，待在洛陽，埋首編纂中國史上最偉大的編年史——《資治通鑑》。即使退出政壇，司馬光還是相當關心國事，他寫信給王安石表示：「新法不廢止，國家將衰亡」。

新法傾向救濟小百姓，包括農民和小商人。但司馬光卻認為窮人都是由於太懶，救濟窮人便是鼓勵懶惰，會造成國力衰竭。——國家用各種方法借錢給窮人，最後一定會倒帳，成為富人的負擔，最後連富人也變窮了。

由洛陽回到汴京，司馬光受命為宰相，立刻展開清除新法及新黨的工作。改革需要時間，新法需要經驗，司馬光的作為，使宋神宗和王安石的心血，付之一炬。

是年，王安石去世。不久，司馬光也積勞成疾，一病不起。

司馬光雖然反對新法，但和王安石私交尚佳，雙方私底下雖常辯論、爭執，但彼此仍相互尊重，惺惺相惜。

兩大巨頭去世後，新舊黨爭便日益激烈，而且手段也一天比一天惡劣。

首先是舊黨鬧家變。

◆洛黨．蜀黨．朔黨

開明瀟灑的蘇軾，和保守固執的程頤，因對禮法的觀點不同，兩人相互揶揄而鬧得不愉快。

宋哲宗元祐二年（一〇八七），程頤的門人右司諫賈易及左正言朱光庭，奏劾蘇軾所出之試題，訕謗朝廷，欲置之於死地。諫議大夫孔仲文則彈劾程頤，為五鬼之首。

舊黨正式分裂為三：「洛黨」以程頤為首，「蜀黨」以蘇軾為首，「朔黨」以劉摯為首，相互鬥爭不已。

元祐四年（一〇八九），新黨的前左僕射中書侍郎蔡確，屢貶為鄧州知府，到湖北安陸車蓋亭遊玩，賦詩十章。舊黨的漢陽軍知軍吳處厚誣告其用詩諷刺高太皇太后，欲羅議其罪，趁機將新黨一網打盡。

蔡確同黨蔡京，邢恕等人被劾，幸尚書右僕射中書侍郎范純仁力救，僅處罰蔡確一人，流放於新州（今廣東省）。

舊黨逼迫下，新黨全遭罷黜，卻引起民間不平之聲。

元祐五年（一〇九〇），尚書左僕射呂大防，門下侍郎劉摯等人，建議引用部分新黨人事，以均衡各方勢力。

蘇軾上書，疾言不可，他稱舊黨為元祐君子，新黨則大多小人，力言：「君子小人不並處，親君子，遠小人，則王尊國安；疏君子任小人，則主憂國殆，未聞有小人在外，憂其不悅，而引於內者，此輩若返，必然戕害君子。」

隔年，舊黨內鬥更烈。

洛黨右司諫賈易彈劾蘇軾誹怨先帝神宗，結果是賈易貶廬州（安徽合肥），蘇軾貶潁州（安徽阜陽）。洛黨御史中丞鄭雍劾朔黨的黨魁劉摯朋黨不公，劉摯貶鄆州（山東東平）。

幾個事件下來，舊黨諸君子也是分崩離析的。

◆新黨復辟

元祐八年（一〇九三），高太皇太后駕崩，哲宗親政，這時候哲宗正值二十六歲的英年。宋神宗勵精圖治，哲宗自然頗有耳聞。長年來，對祖母干涉的不滿，轉而成對去世父親的特別崇拜。太后一去，哲宗便積極想有所作為了。

首先，是新黨的大老章惇、呂惠卿、鄧潤甫、李清臣等均被召回朝廷。章惇更引進王安石的女婿蔡卞，一時間中下階層的官僚全又都回來了新黨的懷抱。宋哲宗並讓「紹述先帝遺業」之意，改元紹聖，朝廷立刻又充滿了新興的氣象。

但由於這次新黨在倉卒中成軍，因此嚴重的良莠不齊。像新的台諫官周秩、張商英、上官均等都是牆頭草，元祐年間，曾以歌詞稱頌呂公著，現在又急著要毀壞呂公著和司馬光的紀念碑以表態，周秩曾代替皇帝評定司馬光諡號「文正」，現在又急著要鞭屍司馬光，這些人一向做事毫無原則，根本是政壇上的敗類。

章惇倚為左右手的蔡卞、蔡京兄弟及安惇，更都急著翻案，他們甚至想成立「看詳訴理局」，專供給元祐時代受屈的人伸冤用，根本是在搞政治鬥爭而非處理政事了。倒是宰相章惇還算理智，他並不完全排斥舊黨的政策，而是「取其善者行之」，比起元祐君子一味排擠王安石新法的作風，章惇還算有政治人物的胸襟及格調。

不過，大部分的新黨分子，仍急著向舊黨報復，所以政策也愈來愈極端。司馬光一手規劃的制度，全被推翻；甚至連中間派系的蘇軾、蘇轍、范純仁也全遭罷黜。仁宗及神宗以來的政爭，完全成了赤裸裸的黨爭。

哲宗唯一的政績，是對西夏戰爭的勝利，洗刷了長久以來的恥辱，西北的邊防也因而獲得較穩固的現象。

紹聖三年（一〇九六），孟皇后之女有疾，用道教水治之，大獄遂起。劉婕妤之黨，誣告皇后為鬼厭魅，哲宗命皇城司調查，逮捕宦官宮女三十人，肢體折毀，有被斷舌根者數人。層峰再令侍御史董敦逸覆審，罪人早已奄奄一息，無法發聲，董敦逸不敢救，皆斬之。於是廢孟皇后，囚於瑤華宮。隔年，立劉婕妤為皇后。

宮內、府內鬥爭激烈，手段殘酷，使三十歲不到的宋哲宗身心俱疲，四年後便一病不起了。

◆風流皇帝登位

由於皇帝遽逝，未立哲嗣，宮內一片混亂。

皇太后向氏（神宗后）祇能在神宗的庶子中選擇了。宰相章惇主張立簡王或申王，但向太后不同意簡王，申王又有嚴重眼疾，最後選擇了端王趙佶。

神宗諸子中，排名十一的端王，和神宗個性上最不相同，趙佶風流自賞，能書善畫，重視生活品味享受，相當沉迷於射獵、擊球等遊嬉中。

祇是趙佶聰敏無比，又善於討好向皇后，個性溫馴，較沒有政治野心，因此頗得神宗夫婦疼愛。

章惇則認為趙佶輕佻，不可以君天下，但曾布和蔡卞擁護向太后的意見，於是召端王入宮，在哲宗靈前繼位為皇帝，是為宋徽宗，時年十九歲。

宋哲宗最後幾年，執政的新黨也發生了分裂，由於章惇以王安石正統自居，有強烈指導者的使命感，因此決策上常顯得跋扈，很多人受不了。

哲宗在位時，曾布便上疏彈劾他：「自輔弼之臣到台諫之官，祇知畏宰相，不知畏陛下。」如果不是哲宗體弱多病，章惇早就下台了。

宋徽宗即位，立刻罷黜反對他的章惇，而以曾布及韓忠彥為尚書左右僕射，兼門下中書侍郎。

曾布曾是王安石新政的創始成員，後因「青苗法」和王安石意見相左，和蘇轍同時離開新政團隊。不過，曾布倒是一名硬漢，元祐初期，司馬光要他修改「免役法」，便遭到他當面拒絕，流放為太原知府。

哲宗親政後，曾布再回中央，因為他並非新黨主流，一直未能打入章惇的核心，而成為中間派的領導人物。

宋徽宗受向太后影響，有心調解新舊黨爭，組成聯合內閣，曾布無疑是最好的閣揆人選。

◆大和解成了大苟且

為了討好章惇集團，曾布召回了蘇軾及范純仁，並為舊黨恢復文彥博、司馬光、呂公著等的爵位，但主要政敵章惇則被貶為雷州司戶參軍。

為了取得新舊兩黨的合作，極端分子都要受到罷黜，章惇成了代罪羔羊外，王安石的女婿蔡卞也受到波及。

蔡卞為人陰沉，不喜歡發表意見，想不到這點也成了鬥爭的藉口，台諫官數人聯名表示：「章惇好論，罪惡分明，蔡卞沉默，心術難見，比臣奸的章惇更為可怕。」宋徽宗於是貶斥蔡卞，以謝天下。

曾布雖罷黜章惇及蔡卞，但大致仍遵循新黨的路線，因此常和另一位宰相韓忠彥屢生爭執，為對抗政敵力量，曾布結合了宦官童貫，以及和童貫交情頗深的蔡京，不料這兩人乘機培植私黨，反而推倒了曾布，奪取執政大權，但也因而斷送了北宋皇朝的國柄。

◆牆頭草，兩邊倒

蔡京是王安石女婿蔡卞的哥哥，蔡卞雖然倔強陰沉，總算像個政治人物，立場鮮明，態度嚴正。蔡京則是標準的騎牆派，他原本也是王安石新政團隊的一員，但司馬光一上台，身為開封府知事的蔡京，第一個響應廢除新政，恢復舊法，即使免役法，他也毫不留情的廢止，儼然一副基本教義派的忠貞舊黨黨員。

哲宗親政，章惇出任宰相，蔡京又藉弟弟蔡卞的關係，成為忠實的新黨。當時，章惇聽陳瓘建議，對新法的實施採取較審慎的態度，實施前總一再檢討。

蔡京卻主張，既然恢復新政，何必顧慮太多，強力執行即可。大家對蔡京的反覆無常，感到不滿，但無奈章惇很信任蔡京，大家也說不得什麼。

章惇下台，蔡卞也受到波及，侍御史陳師錫乘機彈劾蔡京，終使蔡京繼蔡卞之後，削職居於杭州。但蔡京非常懂得鑽營，他很快便和徽宗身旁的首席宦官童貫搭上關係，利用童貫討好曾布。正好曾布因韓忠彥的奪權頭痛不已，蔡京又百般討好，曾布便召回蔡京出任翰林學士，並授與尚書左丞之官職。曾布的弟弟曾肇也是翰林學士，他一再警告其兄，蔡京的人格不值得信任，曾布不聽。

不久，韓忠彥終被免職，但曾布也被迫出知潤州。就在徽宗即位的第二年，蔡京便官轉尚書左僕射，兼中書侍郎，成為掌握大權的宰相了。

這時候，童貫也由供奉官成為監軍，即參謀總長之職，這兩人加上不務正業的宋徽宗，組成了一個特權的官僚、富商、宦官及地主的結合政權，成了北宋皇權的末代閣僚。

蔡京是位空前的投機客，一生毫無原則及羞恥心，他在新舊兩黨間三進三出，卻一副理所當然的樣子。蔡京和徽宗趙佶正好一對，兩人都有浪漫而又不負責任的性格，外表風流倜儻，能言善道，書、畫、詩詞無所不能，才華橫溢。蔡京聰明無比，他知道時代的趨勢必須以新政為號召，但他也知道要確保地位，不可像王安石得罪特權豪戶，因此，他採取了「掛羊頭賣狗肉」的策略，表面上是新政，其實都在為特權階層服務。

他的「方田均稅法」，是把大地主的土地以多報少，將賦稅轉給下戶的農民、工人、商販。他的「免役法」是明白規定豪戶可以不出免役錢，甚至有官職的中下戶也不用出，因此小農民、工人、商販所需繳的稅為元豐時期的八倍，逼得小民非造反便無以謀生。《水滸傳》上面所寫的逼上梁山，便是這段歷史的真實寫照。

更無恥的是蔡京猛打王安石牌，他以崇尚「熙寧變法」為口號，將徽宗的年號改成「崇寧」。

說到新政，大多會聯想到王安石，認為那是清廉、峻法，一切都重視法律法治的時代，但蔡京政權完全走樣，新政是為了讓皇帝和上階層享受得更好，更有錢而已，徽宗對於一般百姓的生活，似乎完全不關心。

「朕聽到政務就想睡覺，大臣不必將煩人的事向朕報告，你們自己裁奪便可以了。」這就是徽宗趙佶的風格，他寧可花時間在書畫、詩詞及晚上微服夜巡的嬉戲上。

◆元祐君子總鞭屍

為了表示自己是忠貞的新黨，蔡京將元祐諸君子，來一次總鞭屍，涉及範圍多達一百二十餘人。

司馬光、文彥博、呂公著、劉摯、范純仁、韓忠彥、蘇軾，蘇轍、曾鞏、程頤、秦觀、黃庭堅等人無一倖免，接著把章惇、王珪、張商英等也歸入「修正主義」，同列為奸黨範圍，最後被鞭屍的名單增加到三百九十餘人，除王安石以外，新舊黨徒無人遺漏，包括蘇洵、蘇軾、蘇轍、秦觀等人的詩詞，全部燒毀，所有的政論也一律禁止，熙寧以來的黨爭至此也告一段落了。

蔡京的兒子很多，蔡攸、蔡絛、蔡翛，有的為駙馬，有的為大學士，蔡攸任開府儀同三司，幾乎比蔡京更接近皇帝，他常參加宮廷祕嬉，妻子宋氏也出入宮禁，為了討好徽宗，他建議道：「陛下當以四海為家，以太平為娛，人生幾何，何必自尋勞苦？」

徽宗在位二十五年，蔡京斷斷續續做了十九年的宰相，直到徽宗退位，他才在第四任相位中被罷黜，再兩年，北宋皇朝便被金人攻滅了。

宋太祖趙匡胤建國，祖訓便是「勤儉主政」，要為天下守財，再以金錢收買敵人，換取和平。

其後，一百六十餘年間，除了真宗因澶淵之盟的壓力，呈現浮靡浪費外，歷代皇帝都能恪遵祖訓，尤以仁宗和神宗堪稱模範。但這個優良傳統，卻全斷送在徽宗手中。

徽宗生活極盡淫靡，蔡京更是推波助瀾，徽宗喜歡花石，蔡京便成立「蘇杭應奉局」，專為皇帝採集花石，不但在市場上搜購，一些民間私藏的，則闖入民宅硬搶，為了這些花石，浪費國家公帑，動輒數百萬。採下的花石，用大大小小船隻載運，船隊長達千里，布滿淮河及汴河，動用人員，比對抗外族的作戰還要多，史稱「花石綱之役」。

採辦的花石，當然要配合殿閣樓台，由童貫負責總監，大興土木建造「延福宮」，富麗堂皇，有如仙境。徽宗卻嫌人情味不夠，竟在裡面開闢村莊、野店及酒帘兒。沒多久，延福宮玩膩了，蔡京又忙建設「萬歲山」，佔地十餘里，據說比慈禧的頤和園還大、更豪華。歷代祖宗省下的錢財，幾年間，便消耗殆盡了。宋神宗絕對沒有想到自己一生辛勞，賭命建設的國家，卻被自己活潑可愛、頗得寵愛的小兒子給斷送了。

◆官逼民反，方臘作亂

王安石變法失敗，已種下了社會混亂的種子，元祐期間，新舊黨爭，一下子新法，一下子舊法，一下子又新法加舊法，朝令夕改，民間無所適從，基層吏門更是一片大亂，政令根本無從推動，稅官到處逼稅，工農商同時破產，國家的財政和民間的經濟同時陷入了困境。

徽宗上任，蔡京當國，面對破產的農村經濟，卻來一次地毯式的搜括，皇帝縱慾，官員貪污，自然非把人民逼上梁山不可了。

小規模的民變不談，光是較大規模的造反，有四川的王小波、河北的王則、淮南的宋江及浙江的方臘。由於小說《水滸傳》的描寫，使梁山泊的宋江名氣大增，其實宋朝末年，造反規模最大的是「方臘之亂」。

方臘是睦州青溪人（今浙江淳安西北），世居於此，以種植漆樹為生，因此，當蔡京派朱勔為「蘇杭應奉局」總辦，總領東南花石綱，對這個地方的漆樹戶加以嚴苛的榨取，弄得民怨沖天，方臘乃集合受害戶和無業遊民，以誅朱勔為由，起兵作亂。最初，他們連弓箭甲冑都沒有，祗是巾飾為別，人數原本也不多，但十天不到，竟能遠近響應，參加者達數萬之眾，聲勢浩大。

宋皇朝駐守各地的廂軍根本不堪一擊，睦州、歙州、富陽、杭州相繼陷落，杭州太守趙霆棄城逃走，兩浙都監蔡遵，浙江制置使陳建，廉訪使趙約皆戰死，東南地區，響應者日眾，《宋史》上記載：「凶燄日熾，東南大震。」

愈是沒有能力對付外侮的政府，對付自己的民眾常常更凶惡。方臘之亂原是官逼民反，但徽宗和蔡京居然出動全國最精銳的禁衛軍團，加上陝西和山西的番漢兵，共十萬大軍，浩浩蕩蕩開往江南去聲討方臘。

民間造反的力量，自然不敵正規訓練的精銳部隊，由總監童貫親自率領，武器和裝備自然是第一流的，他們以突擊戰術深入方臘大本營，據說擒住方臘的，便是日後南宋的首席名將韓世忠。

史書上記載，這次討伐方臘軍團，甚至包括剛在梁山泊招降的宋江軍團。方臘之亂，前後鬧了八個月多，死傷人數卻超過兩百萬以上，混亂的地區，包括六個州、五十二個縣，人民生命財產損失不計其數。

至於這次造反的原因，御史中丞陳過庭上奏時表示：「致寇者蔡京，養寇者王黼，竄二人，則寇自平。又朱勔父子，本刑餘小人，交結權近，竊取名器，罪惡盈積，宜昭正典刑，以謝天下。」

當然，這位仗義直言的御史，立刻被罷官，貶到外州去了。

〔陳文德說評〕北宋皇朝從仁宗開始便陷入了新舊黨爭，王安石變法期間更形彰顯。變法失敗，兩黨相互諉過。元祐時黨爭惡化，由政策爭執進入赤裸裸的權力鬥爭，終讓蔡京、童貫等小人乘機而起，也斷送了北宋皇朝的政權。

不論早年的范仲淹、富弼、呂公著、呂夷簡、文彥博，後來的王安石、司馬光、蘇軾、章惇、程頤、曾布等人都是一時之選，論文才、人格也都有令人讚許的地方，為何會弄得如此地步？在於不善處理衝突，太有原則或太沒原則，處理衝突都會失敗的，如何拿捏其中的分寸，便是所謂的處「睽」之道。

《易經》第三十八卦，睽卦，火澤䷥，睽也。

火氣向上，澤氣向下，火澤相背，故無法溝通，也沒有交集，這便是睽。

除初九外，睽卦所有爻都不在位。六三、六五均為陰，陰在剛位；九二、九四、上九則陽在柔位；不對位、不對能量，故衝突不斷。

但睽卦的綜卦，火澤倒過來，風火䷤，家人卦也，故睽和家人相綜。祇有親密的關係才會有衝突。兄弟鬩牆，反目成仇，吵得比任何人凶。所謂宿敵，大多彼此相像又關係密切。

理解睽卦和家人卦的關係，解決睽卦就容易了，這便是處睽的智慧。

睽卦的卦辭曰：「睽，小事吉。」

衝突的時候需要協調，協調不要碰大事，碰大事根本談不下去，必須由容易有共識的小事談起，取得彼此信任才有可能談大事，故小事吉。兩岸便是相睽，如果非談一中原則或國家認同，那根本無法協調了。

象辭上也表示：「上火下澤，睽。君子以同而異。」

睽時最重要是找共同的目標和利害，找到那個「同」，不要老是在「異」的上面作文章。

孔子對睽卦有很積極的看法，「睽，火動而上，澤動而下。二女同居，其志不同行。說而麗乎明，柔進而上行，得中而應乎剛，是以小事吉」。

在《易經》中，離中女，兌少女，故火澤的能量均為陰，陰能好爭，是以二女同居，其志不相同，但由兌到麗，往光明發展，說而麗乎明，陰能為柔，故柔而進，爭執及衝突中，本質上卻仍有溫情，是以小事吉。

到這裡，孔子對睽卦作了一個非常有創發性的突破觀念，他寫道：「天地睽而其事同也，男女睽而其志通也，萬物睽而其事類也，睽之時用大矣哉！」

衝突的力量，其實也是創造的動力，天地相睽，陰陽相激，萬物自在其中，男女相睽才有新的生命誕生，萬物相睽，組成了一個豐盛有體系的自然體系，所以善於用相睽的動力，是非常重要的。

「初九，悔亡，喪馬勿逐，自復。見惡人，无咎。」

睽的開始，最好相互讓步，彼此互信不足，事事計較，會增加衝突，必有後悔，故要悔亡，吃點虧也算了，不急得追回公道，多檢討自己，不後悔，面對惡人，在睽境時是難免的，平常心面對，一切無過錯。

「九二，遇主于巷，无咎。」

雙方的主將，在巷子相遇，也就是私下協調。睽卦時一切最好under table，雙方都會有面子問題，不必公開抬槓，私底下協調，就沒有誰輸誰贏的問題。

「六三，見輿曳，其牛掣。其人天且劓。无初有終。」

談判可能失敗，這時要管理自己的情緒，就算受了嚴重傷害，祇要彼此約制自己，保持善意，就算協調失敗了，還有下次的機會。

「九四，睽孤，遇元夫，交孚，厲无咎。」

睽卦時，雙方領導者都是非常孤獨寂寞的，誰也幫不了，一切靠自己，真誠溝通，雖然壓力甚大，經常失敗，但祇要堅持努力，一切不會有太大過錯。

「六五，悔亡。厥宗噬膚，往何咎？」

相睽的兩造主將，便是六五，六五宜低調，黃裳元吉，祇要不製造後悔，就算自己傷得很重、很大，傷害祇到自己，一切不會有大過錯。

「上九，睽孤，見豕負塗，載鬼一車，先張之弧，後說之弧，匪寇婚媾，往，遇雨則吉。」

睽境中，自然是麻煩一大堆，每個人都覺得不會理解對方，九四、六五、上九，位能均不對，又陰陽相隔，故睽孤也。但祇要心有善意，就算一切都不如意，但一步一步解套，雙方有合應，有溝通的成績出現，從最小最能共識的「點」開始，有交集便可以解決問題，故遇雨則吉也。

處睽的智慧是非常重要的，成功了有創造力，失敗了可能兩敗俱傷。

第三章

國難當頭

◆契丹的威脅

北宋皇朝建國以來的兩大強敵——東北的契丹和西北的西夏，尤以契丹的威脅最大。

西元九一六年，五代的後梁貞明二年，契丹王耶律阿保機在塞北開國稱帝，建都上京（今內蒙巴林左旗）。後晉石敬瑭創國，便向契丹借兵，擊滅後唐。石敬瑭為感謝契丹幫忙，割讓燕雲十六州，自稱兒皇帝，隔年，契丹改國號為遼。

宋太宗太平興國八年（九八三），遼又恢復契丹國號，並和北宋發生大規模軍事衝突，宋朝派出名將曹彬督陣，仍遭大敗。

小說上有名的楊太公楊業被殲滅的戰役，便發生在這一年。

此後，北宋和契丹間衝突不斷，兩敗俱傷，宋仁宗天聖十年（一〇三二），夏王李元昊乘機在西北建立了西夏王國。

宋英宗治平三年（一〇六六），契丹再改國號為遼，是為遼咸雍二年。此後，遼國的勢力日強，讓宋皇朝北方的國防備感吃力。

◆女眞族的崛起

女真族是世居東北的肅慎氏，長年在混同江之東發展，活躍地區到達長白山、鴨綠江一帶，漢朝時名為挹婁，唐朝時稱靺鞨，五代時才改稱女真族。

遼建國時，女真族分為南北兩部，南部號熟女真，附屬遼國，北部號生女真，為獨立的族群，和遼國間也常有衝突。

宋徽宗政和三年（一一一三），生女真族大酋長完顏烏雅束去逝，由其弟完顏阿骨打繼位，號稱「都勃極烈」（意為總管）。

當時遼國有項習俗，利用所謂的「海東青」來狩獵。海東青是一種老鷹名稱，專門用來捕捉天鵝。這種老鷹棲息在長白山上，屬女真族地盤，因此遼國每年都派遣使者向女真收購海東青。

由於捕捉海東青非常困難又危險，數量又不多，不容易交差，所以遼國的使者態度也不太好，讓女真族的小酋長和長老們非常不滿，經常有合作起來向遼國抗暴的風聞相傳著。

他們也聽說在西方有個宋國，是遼國的宿敵，如果他們牽制住遼國大部分兵馬，遼國便無力對付女真族的武力抗暴了。

阿骨打即位後，便因為舉辦其兄葬禮，和遼國使節鬧得不愉快，阿骨打氣得想斬殺對方，在長老的苦勸下才作罷，但其心中已決心反叛遼國。

阿骨打便以海東青作題目，向女真族的小酋長和長老表示：「海東青是我們領空中翱翔的老鷹，我們為何不自己使用來狩獵呢？我們要自己掌握我們的領土和天空！」

這樣的宣誓立刻得到其他大小女真族酋長的響應。

政和四年（一一一四），阿骨打帶兵襲擊遼國的寧江州，遼國派司空蕭嗣先前來抵擋，雙方大戰於混同江（今松花江）上，遼國大敗，也使阿骨打一戰成名。

隔年，阿骨打稱帝，國號金。

遼國的都總耶律訛里朵出兵討伐他，又大敗於達魯古城，金軍攻陷遼國軍事重鎮——黃龍府（今吉林農安）。

遼國的天祚帝耶律延禧率七十萬大軍前來討伐金軍，前鋒剛渡過混同江，後方的副都統耶律張奴內叛，陰謀推魏王耶律淳為帝，耶律延禧祇好回軍，擒殺了耶律張奴。但金國大軍乘勢從後方追襲，天祚帝主力部隊被追及潰散，死傷無數，遼軍實力大傷。

◆宋金謀合攻遼國

金軍大敗遼軍的軍情傳到宋皇朝，主政的蔡京和太尉童貫，便陰謀假借金軍力量，夾攻遼國，奪回燕雲十六州。徽宗趙佶聽到此建議，大喜望外，公開表示宋太祖一生願望，歷代祖先努力的目標，將在自己的手中完成。

更由於童貫對西夏用兵，連年遭到大敗，顏面盡失，更想利用金軍向遼國討回些便宜。西元一一一八年，宋政和八年，金天輔二年，金太祖完顏阿骨打認為英雄開國，最好得到大國冊封，便有意和遼國及宋國展開交往。

他自定尊號，要求遼天祚帝奉自己為兄，遣使赴遼議和，命依式冊封。

宋徽宗在蔡京建議下，也派遣武義大夫馬政，自登州（山東蓬萊），由海道出使金國，商議共同夾擊遼國，金太祖也派遣使臣李慶善持國書報聘。

隔年的宋宣和元年（一一一九），遼國冊封完顏阿骨打為東懷國皇帝，但阿骨打以為不封金國，而稱東懷，有看不起大金國之意，而文中「渠材」二字更有輕侮的意味，拒絕接受，要求遼國重行派使，並以兄事金國，但為遼國所拒，和議到此失敗，阿骨打決定用兵，積極向遼國施壓。

當初，有幽州人馬植，自稱有滅遼之策，童貫大奇之，推薦給趙佶，便言撮合女真共夾攻遼之策，可奪回燕雲十六州。趙佶大喜，改名趙良嗣，用為祕書丞。

西元一一二〇年，趙良嗣以中奉大夫之名使金，約定隔年，宋自雄州攻擊，燕雲十六州歸宋，宋以歲幣致金。

不久，金軍便對遼展開攻擊，上京陷落，但金軍以防守困難，掠奪後便撤出。

這年，方臘在睦州叛亂，牽制住大部分宋朝兵力。

隔年，遼國發生重大政變，樞密使蕭奉先誣告晉王耶律敖魯斡及其母文妃謀反，遼天祚帝殺文妃，文妃妹夫都統耶律余覩怕連罪自己，率軍降金，使金軍得以完全掌握遼國宮廷內的矛盾。

◆敵人不見了，危機正開始

宣和四年（一一二二），金軍大舉攻遼，陷中京，遼天祚帝耶律延禧正在鴛鴦濼打獵，聞訊，不敢回京，乃直奔西京（山西大同），集結三千匹駿馬，再奔夾山，遼國陷入無主的狀態。

南京（北京）南府宰相張琳，林牙耶律大石，立晉國王耶律淳為帝，但沒多久又病逝了，祇好遙立秦國王耶律定為帝，由蕭太后臨朝。

眼見遼國祇剩最後一絲氣息，宋徽宗趙佶派遣童貫為統帥，蔡攸為副帥，率領十五萬大軍，試圖攻佔燕京，消滅遼國的殘餘政權。

童貫為了搶功，不准遼軍投降，打算強行攻擊燕京，遼都統蕭幹祇得率軍反擊，想不到在征伐方臘之亂耀武揚威的宋皇朝大軍，居然被遼軍打得大敗，撤退時士兵交相踐踏連數百里，潰不成軍。

幸好，金軍及時趕到，蕭幹和蕭太后不敵逃離燕京，遼國殘餘部隊才不得不向宋金聯軍舉旗投降。

雖然事先言明燕雲十六州戰後歸宋，但這次戰事，宋皇朝大軍表現實在太差，因此，金國僅歸還燕京及薊、景、檀、順、涿、易等六州，其中燕京還算是租借的，每年租金為六百萬貫，但暫先收一百萬貫。

此外，以前宋對遼的歲幣全轉獻給金國，經由趙良嗣一再交涉，以戰事剛結束，朝廷必須休養生息，才減到每年絲絹二十萬匹，白銀二十萬兩，錢一百萬貫，並別許勞軍米二十萬石。

雖然收回了燕京等六州，但金國聲勢大增，威脅性更甚於遼國。不過宋徽宗卻認為這是宋皇朝開國以來最大的勝利，於是大赦燕雲諸州，王黼、童貫、蔡攸等皆升官進爵，並派為燕京接收特使。金人強迫六州的壯丁、少女、大富人家全部撤離，宋皇朝接收到的祇是一座空城。

原來已瀕臨破產的宋國人民，更是賣兒鬻女，怨聲載道。而宮廷裡面，徽宗君臣則花天酒地慶祝這個空前的外交大勝利。

◆金軍大舉逼近黃河

同年底，金太祖完顏阿骨打去世，其弟完顏吳乞買嗣位，是為金太宗。

國喪期間，原屬遼國降將的南京留守張覺叛金，舉州歸宋，宋授張覺為泰寧節度使。金國派大軍討之，陷平州，張覺奔宋。金獲得宋給張覺的詔書，大怒，責宋納降招叛，打算對其動武。

宋當局大驚，斬殺張覺，函首送金。此舉使遼降將們大為失望，包括原常勝軍（怨軍）的首腦郭藥師，全部率軍逃亡而去。

遼天祚帝耶律延禧逃入夾山，金軍無法進入，於是退軍以誘之。耶律延禧果然突圍欲出逃，金軍斷其歸路，遼軍大潰，耶律延禧奔山陰。

金國派遣大使，赴宋索取勞軍米二十萬石，宋宦官燕山路宣撫使譚鎮表示：「二十萬石不易致，且此為趙良嗣私人所許，豈可為憑？」拒絕不付，金太宗於是決定對宋用兵。

宣和七年（一一二五），遼天祚帝逃入夾山，企圖投靠西夏。但西夏擔心受金的攻擊而婉拒之。

二月，由西夏逃亡應州途中，天祚帝為金國都統完顏婁室追及擒獲。牙將耶律大石率眾西走，至葉密立即帝位，是為西遼，史稱黑契丹。

金太宗在滅亡遼國時，發現了一封文件，這是宋皇朝打算結合遼國殘餘部隊對抗金國的密函，太宗大怒指責宋徽宗背信，決定用兵南征。

左副元帥完顏宗翰（本名粘沒喝，又名粘罕）南下攻打太原，直指洛陽，右副元帥完顏宗望（斡離不）攻打燕京，並直指汴京（開封）。

宋皇朝河北宣撫使童貫鎮守太原，見大軍南下，竟表示：「我受命宣撫，並非守土。」於是逃回汴京，左軍遂圍攻太原府。

右軍直攻燕京，守護燕京的常勝軍領袖太尉兼燕山府知府郭藥師舉軍投降，並為嚮導，使金軍如入無人之境，直抵黃河北岸。

◆徽宗下台，欽宗繼位

大軍壓境，開封府震驚，最慌亂的居然是宋徽宗本人。危機中，皇帝竟公開表示：「朕不想置身戰亂中。」蔡攸建議，皇帝東巡南京，由皇太子出任開封牧。太常少卿李綱建議由皇太子繼位，號召天下義師勤王，以堅守汴京。

徽宗也表示無心戀棧皇位，皇太子趙桓便在匆忙下，接下重任，是為宋欽宗。

太學生陳東等伏闕上書：「此次危機完全是蔡京、童貫等六名國賊招致，請立即逮捕，遊街示眾後誅殺，以謝天下。」六名國賊因此被賜死及流放。

國難當前，欽宗不得不力圖振作，李綱力主堅守開封和金軍決一死戰。也要求欽宗號召天下義軍，整頓朝中誤國大臣。王黼棄職逃亡，被殛殺於雍丘；李彥及朱勔死刑；梁師成、蔡京貶海南島，但半途中被殺；童貫也死於下放途中；蔡攸、趙良嗣先後處死；民心一度大振。

金軍雖已圍汴京，但勤王義師集結多達十餘萬，佔領區中，百姓義勇軍紛起，金軍統帥完顏宗望料不能勝，於是主動向欽宗提出和議。

李綱主張趁勢反擊，但欽宗無心戰事，在主和派李邦彥及張邦昌建議下，以黃金五百萬兩、白銀五千萬兩及無數的緞、絹、畜牲、連同割讓中山、太原、河間三軍事重鎮，並以皇子肅王（欽宗弟）為人質，低聲下氣到金營求和。

◆靖康恥，無從雪

金軍是在短期內竄起的勢力，除了乘勝追擊的力量外，實際的組織及作戰力都不那麼完整，他們比較像是前來掠劫的遊獵民族，並無心佔有中原。

包圍汴京後，他們也沒料到由李綱主導的汴京守軍，竟會如此頑強，因此也沒有長期作戰下去的打算。金軍撤退後，太上皇宋徽宗也立刻由南京回到汴京，欽宗則下令解散義勇勤王軍，雖然李綱認為金軍不可靠，但主和派張邦昌等害怕金國指責，不敢保留軍力，欽宗則猶疑不能決。

西元一一二六年，宋欽宗靖康元年六月，金軍退兵，宋皇朝君臣上下自娛如故，祇有李綱深以為憂。時太原圍兵未解，主和派建議遣李綱率軍援太原，但軍中意見分歧，諸將皆得獨奏，李綱不能制，軍到懷州便潰散了，主戰派力量大挫。

七月，欽宗竟誤信金軍大師耶律余覩將叛，以蠟書約為內應，事情鬧到金太宗處，太宗大怒，決定再出兵。

九月，金國左副元帥完顏宗翰攻陷太原，右副元帥完顏宗望攻陷天成軍及真定。

十一月，完顏宗望渡過黃河，直指汴京。

閏十一月，宋尚書右丞孫傅讀丘濬詩，詩中有「郭京、楊適、柳無忌」之句，於衛士中得郭京之人，薦於朝廷，謂可用六甲法，召天兵退敵，欽宗竟信之。

結果剛一開戰，神兵一下便被殺得潰敗，守軍還來不及反應，城門便被攻破，欽宗在宮中，聽說汴京陷落了，嚇得大哭，祇得安排投降事宜。

十二月，欽宗趙桓赴青城金軍營，尊金帝為皇伯，自稱姪，許黃金一千萬錠，銀二千萬錠，絹帛二千萬匹，並割讓黃河以北之地予金國，分遣使臣持詔書赴河北諭各州縣開城投降。

隔年，靖康二年（一一二七）正月，金軍索金銀甚急，欲再縱兵入城，宋欽宗再赴青城，面請緩期。

金留欽宗為人質，宋盡括官民藏貯，僅得金四十五萬兩，銀七百五十萬兩，金左副元帥大怒，斬宋提舉官四人，又索御馬七千匹，少女五百人。

二月，宋統制官范瓊逼太上皇趙佶赴金營，完顏宗望宣告金太宗詔書，廢趙佶、趙桓為庶人。

三月，金立宋太宰張邦昌為帝，國號楚，並下令由汴京撤軍。撤軍時，趙佶、趙桓及皇族后妃三千餘人，全部移送北方。

四月，張邦昌退位，請孟皇后（哲宗趙煦妻）垂簾聽政，在汴京成立傀儡政權。

五月，康王趙構在南京（河南商丘）稱帝，是為宋高宗，史稱南宋。

北宋皇朝至此宣告終結。

〔陳文德說評〕《易經》四大難卦，以地火䷣明夷為首。日落大地，黑暗來臨時，火在地下，成為地獄之火，光明受到夷傷，故稱地火明夷。

據說當年周文王姬昌被殷紂王囚於羑里，其子伯邑考前來救援反而被殺，並煮成肉羹，送給文王吃。姬昌心中明白，但仍忍淚吞食子肉以避禍，終得逃脫。這個過程中，姬昌便是演繹明夷卦以破解此一難題。

明夷，離下坤上，光明不見了，故稱明夷。

明夷卦卦辭曰：「明夷，利艱貞。」

大地黑暗，前途茫茫，災難當頭，艱難中祗有高度守困的堅毅精神，方能渡過此難關。

明夷卦的彖辭，孔子寫道：「明入地中，明夷，內文明而外柔順。以蒙大難，文王以之。利艱貞，晦其明也，內難而能正其志，箕子以之。」

孔子非常重視明夷卦，艱而貞也，態度要正確，心境要清楚，內剛而外柔，面對大災難，態度堅定，不用急著解決問題，忍住氣，吃點虧，但軟弱不得。筆者曾告訴友人，明夷時可忍受一切責難，但不接受侮辱，要有拚死的決心，所謂「內難而能正其志」。

孔子特別提出周文王及箕子兩位聖人，面對明夷時不妥協，堅毅不喪志，這是明夷最重要的態度。

明夷之象辭曰：「明入地中，明夷，君子以蒞眾，用晦而明。」

絕不逃避，堅守崗位，堅持到最後一秒鐘，在不清楚的狀態中，保持安靜清楚的心，這的確不是件容易的事。危機中更宜堅定，是守明夷之道。宋徽宗及欽宗最大的失敗，便在驚慌失措，領導者若無決死之心，是無法面對明夷卦的，更不要說破解了。

「初九，明夷于飛，垂其翼，君子于行。三日不食，有攸往，主人有言。」

受傷了，但不慌張，仍保持鎮靜，就算沒有支援，也要拚到底，體會時艱，心中自有主見，全神貫注，是面對明夷的第一步。

「六二，明夷，夷于左股。用拯，馬壯，吉。」

鎮靜下來，才能去找援兵，自助而後天助之，自己要堅強起來，雖受傷了，心安靜，力量自然集結，得到援助，一切大吉。

「九三，明夷于南狩，得其大首，不可疾，貞。」

心理清楚，去除造成明夷的罪魁禍首，使大家集中意志，但不可急，態度溫和，仔細評估，才能以最好的策略脫離明夷的災難。

九三終日乾乾，夕惕若，這樣的努力，才可以消除明夷的原因。

「六四，入于左腹，獲明夷之心，于出門庭。」

六四，陰居柔位，以平靜的心來體會明夷之境界，深入明夷的原因，一舉消除之，才能跨出門庭，打開另一個境界。

「六五，箕子之明夷，利貞。」

主爻要堅定，箕子之明志也，六五黃裳元吉，消極冷靜，面對災難，守住原則及立場，這也是解開明夷的重要關鍵。

「上六，不明，晦，初登于天，後入于地。」

明夷之時要謹慎，不可喪志，不可慌亂，有時看似有機會，其實危機更大，有時走到盡頭，但祇要越得過，柳暗花明又一村。

徽、欽兩帝的失敗，在處理明夷卦時，一錯再錯，故勢必蒙受更大的災難了。

明夷，地火䷣，以物理學理而言，處理重點在六二及六五。六二轉九二，明夷䷣成為地天䷊泰；六五轉九五，明夷也成了水火䷾既濟了。

這便是姬昌在羑里解破明夷卦的祕密。九二，內心堅定，見龍在田，利見大人。九五飛龍在天，利見大人。抓住這個變化道理，自然可以應對明夷卦了。

第二篇 和平主義

昨夜寒蛩不住鳴。
驚回千里夢，已三更。
起來獨自繞階行。
人悄悄，簾外月朧明。

白首為功名。
舊山松竹老，阻歸程。
欲將心事付瑤箏。
知音少，絃斷有誰聽？

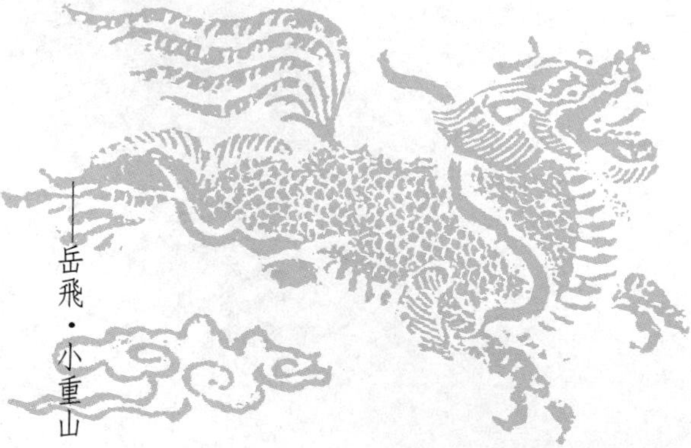

——岳飛・小重山

第四章

南渡偏安

金國雖然很快地擊潰了北宋皇朝，但崛起太快的金軍，實力並不足以統治中原，因此他們最想做的是培植傀儡政權，以讓他們予取予求。

金太宗召集幕僚討論，原本要立趙氏皇族，但大多數人反對，於是決定培植北宋皇朝中主和派大將張邦昌。第一次圍攻汴京時，原本由康王趙構為人質，但又替換成肅王趙偃，張邦昌時為太宰，也在伴隨人質之中，他力求信守割讓三鎮之約，深得金人好感。

金太宗下令讓張邦昌為皇帝，國號楚，並遷都於南京。

張邦昌當然也不想當傀儡皇帝，但迫於無奈祇得答應，但他要求在汴京即位，暫時接收北宋的行政體系，三年後，政權穩定再行遷都。

楚國的壽命祇有三十三天，西方有契丹族耶律大石軍團的威脅，金軍的實力不足以掌握中原，因此在楚國建立完成後，金太宗決定先撤軍。

張邦昌也迫不及待宣布退位，以宋哲宗之妻孟氏為太后，由於孟氏早已被廢，是以沒有隨欽宗等被送往北方，是僅存的重要皇族，因此張邦昌推舉她垂簾聽政，維持住開封的行政運作。

◆康王趙構登基

北宋皇朝崩潰時，尚有一名皇族成了漏網之魚，他是宋欽宗的弟弟康王趙構。

趙構原本也該被送往金國當人質，金軍包圍開封時，欽宗派趙構重整河北兵馬，於是以肅王趙偃代替趙構為人質。開封陷落時，趙構不在首都。

張邦昌退位時，趙構在濟州、濮州募得八萬兵馬，並退回河南，五月進入應天府（河南商丘），自立為皇帝，改元建炎。

張邦昌親自到應天府，向新皇帝謝罪，孟太后也取消垂簾，結束開封政權，讓趙構成為宋國唯一的皇帝，是為南宋高宗。

主戰派的李綱出任左僕射中書侍郎。

但趙構對主戰派並無好感，人質的經驗，深知主戰派是人質生命最大的威脅。

反而是張邦昌這種主和的人，保全了皇朝歷代的根基，沒有被金軍破壞。張邦昌因而被赦免，而且官授太保。

李綱自然大力反對。高宗對李綱的強硬態度深感不安，由於皇朝中主戰派佔大多數，因此一些主和並曾出任偽職的李邦彥、吳牧等均被流放，張邦昌也被迫安置在潭州（湖南長沙）。

八月，御史張浚劾李綱專權，下放於澧州（湖南澧縣），出任宰相僅七十五天。

九月，主戰派強力威脅下，高宗賜死張邦昌。

十二月，金太宗決定再度大軍南征，中路軍左副元帥完顏宗翰攻河南，陷西京洛陽。東路軍右副元帥完顏宗弼（金兀朮），攻山東。西路陝西都統完顏婁室，副都統完顏杲（撒離喝）攻陝西，陷同州。宋高宗趙構南下揚州。

◆宗澤死守開封府

趙構退守揚州，是為了避開金軍的攻勢，以低姿態來尋求和平及談判。

他下令大將宗澤留守河南，象徵性的對抗金軍。但宗澤大不以為然，他認為沒有武力根本不可能談判，更別說平等的對談。

宗澤主張弱勢的宋國軍隊，更要有死戰的決心，但趙構還是決心南下，將守城之責交給宗澤。

宗澤絕不妥協，他決心和南下的金國大軍周旋到底。他在開封城攻防戰中，一再挫敗金軍，並數度請趙構返京，以死守京城。

金軍佔不到便宜，祇好採取包圍戰術，不久，開封府便成了孤城。

建炎二年（一一二八），揚州城的主和派，黃潛善及汪伯彥主張放棄開封府，但為宗澤所拒。不久，宗澤年老病重，臨死前，詠誦杜甫「出師未捷身先死，長使英雄淚滿襟」詩句後，大聲連呼「渡河！渡河！」不久氣絕。

一代英雄，與世長辭。接任的杜充，勇而無謀，不久便被擊潰，金軍乘勢大舉南下，建炎三年（一一二九）二月，金軍攻陷揚州，趙構在倉皇中，渡江逃往杭州。

◆危機中的亂局

其實，趙構並不想正面對抗金軍，他希望和談，讓脆弱的新政權得以穩定下來。對不斷主戰的官員，趙構心中非常不滿，剛烈的李綱幾乎成了他的死對頭。

在多重壓力下，趙構更需要放鬆，發洩壓抑的情緒。然而大敵當前，卻幾乎讓他沒有喘息的機會。

三月，趙構定居杭州，由宦官康履用事。
由於金軍焚揚州城後北退，威脅暫時消除。趙構居然大事慶功，擺宴觀賞錢塘潮，宦官作威作福，軍糧嚴重不足，軍心積怨。
扈從統制苗傅，威州刺史劉正彥發動兵變，分擒宦官並大肆屠殺，逼趙構退位，以其子趙敷為帝，年方三歲，由孟太后臨朝聽政。
但駐守建康的江東制置使呂頤浩，結合禮部侍郎駐軍平江的張浚，起兵勤王。
四月，全國各地勤王兵馬到達杭州城下，苗傅，劉正彥引兵遁走，趙構再度復位。呂頤浩出任右僕射同中書門下平章事，張浚主樞密院事川陝處置使，暫時穩住了政權。
五月，趙構赴建康（南京）。
六月，宋江浙制置使韓世忠生擒苗傅、劉正彥，在建康磔死。
閏八月，金軍再度逼近長江，趙構赴鎮江，十月再退回臨安（杭州）。
十一月，金國金兀朮大軍渡長江，宋國治江都制置使陳邦先具降書迎軍於十里亭，金軍兵不刃血攻陷建康。
不久，宋江淮宣撫使杜充退守真州，並以全軍降金。
十二月，金大軍攻擊臨安，並分兵佔領明州，趙構乘船渡海奔定海（浙江舟山）。

◆宋軍大反撲

建炎四年（一一三〇），剛成立的南宋政權已陷入全面崩潰的危機，金兀朮攻陷明州，乘機攻定海，趙構乘船奔溫州。

金軍以勢如破竹的氣勢，在海上追擊三百多里，最後以北方軍團不擅水上活動而作罷，趙構才倖免於難。但在南京的廣德州，金軍卻大戰皆北，將軍王權更因而被補，指揮這次大戰的宋軍將領是年紀甚輕的後起之秀岳飛。

三月，金兀朮大軍至鎮江，打算強渡長江。

宋浙西制置使韓世忠以八千兵馬屯駐焦山，金軍十餘萬欲強行北上，韓世忠以戰艦迎軍於江中。韓世忠那位有名歌妓出身的妻子梁紅玉親自擂戰鼓抗敵，金軍終不能渡江，以會合建康的軍團。

金兀朮於是下令自鎮江沿南岸西進，韓世忠則在北岸西進，且戰且走，防止金軍會師。

金兀朮無計可施，後由土人處得知有老鸛河故道，乃下令掘之，一夕渠成五十里，才得率軍北回建康，不致成為孤軍。

但在牛頭山（南京城南），又為岳飛伏兵所敗，金軍被迫回駐黃天蕩，雙方相持不下。

四月，閩人獻計，在舟中載土，上鋪平板，鑿舷為洞置槳，於是金軍再乘小船出長江，韓世忠絕流迎擊之，但天無風，海舟不能動，金軍以火箭射之，宋軍大潰，韓世忠僅以身免。這場戰役，韓世忠以八千兵馬對抗金軍十數萬，長達四十八日，雖敗猶榮。

金軍南下，北宋傳統軍團潰散，起來對抗金軍的，大多是各地招募的「勤王義軍」。義軍大多是自願保護鄉土的組織，參戰者有為自己而戰的意念，是以打起仗來特別勇敢，比北宋的正規軍團更富作戰力。

北宋皇朝的軍隊司令大多文官出身，有些甚至是宦官，而義軍的指揮官則大多出自行伍，例如韓世忠便是貧窮出身的低級軍官，從基層幹起，因軍功脫穎而出。

岳飛雖然頗通文學，本身也是書法家，但這是家庭教育使然，其實岳飛也出身貧農之家，年幼從軍，由最基層的士兵做起。除了岳飛、韓世忠外，還有位叫作張俊的，更是土匪出身的猛將，他們不太會講大道理，但打起戰來則凶猛無比。

◆金國再立傀儡政權

金太宗本人萬萬沒有料到，眼看就要贏了的戰爭，卻連連遭到挫敗，南宋的抵抗力如此頑強，金國君臣無不感到嚴重的挫敗感。因此，以漢制漢的想法又被提出。

張邦昌的楚國所以失敗，是張邦昌本人對宋皇朝仍忠心耿耿，加上趙構在應天府招募有數萬兵馬，也是主因。如今，南宋高宗趙構本人已遠走南方了。

七月，金人再立劉豫為帝。劉豫進士出身，曾任濟南府知事，建炎二年（一一二八），投降於金軍。劉豫國號齊，他被授以黃河以南至山東、陝西等國土，建都大名（河北大名），史稱劉齊。

金軍至杭州，卻遭到連連挫敗，金太宗估算以金國的軍力，可能無法完全征服宋國。所以最理想的方法是以傀儡政權來統治中國，並摧毀南宋的臨時政權。

金太宗麾下，以姪子完顏宗翰及堂弟撻懶（完顏昌）兩人為兩大長老，是最具軍事實力的強人。立劉豫這件事情，完全是宗翰的規劃及提議，自然讓撻懶耿耿於懷。雖沒有公開反對，但為了怕宗翰獨自搶功，撻懶提議還有更好的方法，直接將以漢制漢的策略，植入南宋的朝廷。

他們選上了一個人，曾任北宋皇朝御史中丞的秦檜。秦檜是江蘇江寧人，二十五歲進士及第，為宋哲宗時的宰相王珪器重，成為他的孫女婿。

靖康國難時，秦檜為御史中丞，強烈反對張邦昌為帝，因此連同妻子王氏，被帶往燕京。

他曾是反對金國的鷹派，如能策反此人，沒有人會懷疑秦檜成為南宋的頭號大漢奸。為了更具說服力，還安排了一場脫逃秀，讓秦檜趁機殺了獄卒，帶著妻子回到杭州。

我們很難了解金人如何策反秦檜，衹能從秦檜這個人和他日後的作為，進行更深入的描述。

〔陳文德說評〕《易經》第二十八卦，澤風䷛大過。

大過的卦辭：「大過，棟橈，利有攸往，亨。」

棟橈是棟樑彎曲快斷裂之意。大過是大而過之，壓力太大了。中間四個陽爻，極力想脫出，上下兩個陰爻勢必難擋，形勢比人強，快繃破了，但剛強的陽爻是可以利用的，壓力大，反彈力也大，所以利有攸往，亨。

孔子在彖辭中寫道：「大過，大者過也，棟橈，本末弱也。剛過而中，巽而說行，利有攸往，乃亨。大過之時大矣哉！」

壓力太大，又矯枉過正，反彈力過強之時。

上爻有如屋頂，初爻有如地基，這兩個陰爻被中間四個陽爻逼得快受不了了，本末太弱，房屋要崩塌了。

孔子認為壓力雖然難熬，卻是可以利用的，重點是心要剛直，秉持中道，也就是九二及九五這兩個中爻。有風般的柔軟及善變，有澤的溫和及堅持，風在澤下，也是木沉在湖水下，這是違反常態的，可見形勢的壓力有多大。但緊事緩辦，要堅持，不可在壓力下退縮；要堅定、溫和、不可躁進。大過時可能大好也可能大壞，端看自己的作為。面對大過，智慧、勇氣、耐心都非常需要，這是大考驗的時刻，所以利有攸往，乃亨，大過之時大矣哉。

象辭中，描繪得更直接。

「澤滅木，大過。君子以獨立不懼，遯世无悶。」

大過之時，君子的修養是非常重要的。木頭本應浮在澤上，現在木頭卻沉在澤底，形勢比人強，非常理可面對，故澤滅木也。

君子面對此危難，獨立踽踽而行，絕不妥協，就算被逐出了局外，也不埋怨，忍受孤獨及壓力，這是面對大過時應有的作為。

大過卦的重點在九二和九五。九二陽生陰，卦象轉成澤山䷞咸。內心溫和、堅定、熱情的面對大過。

「九二，枯楊生稊，老夫得其女妻，无不利。象曰：老夫女妻，過以相與也。」

面對大過，心存溫和，如同枯萎的楊樹又長出新芽了，可喜可賀，特別珍貴。

大過時，成敗是另一件事。形勢比人強，隨緣觀世間，半點不由人，但心境卻非常重要，心要積極、樂觀、溫柔，以渡過大過的壓力。

老夫少妻，宜特別珍惜。

「九五，枯楊生華，老婦得其士夫，无咎，无譽。」

五爻動，陽轉陰，卦象成雷風䷟恆。枯楊又開花了，顯出華麗的生命力，祇是可能不長久，享受當下的幸福即可。

有如老婦找到第二春，不談吉凶，祇談溫柔享有當下。

大過時，態度溫柔但卻堅定，不可慌亂，堅持到底，踽踽獨行，成敗不必放在心上，盡力而已。

大過之時，機會也不少，故九四也是觀察重點。

乾卦九四，或躍在淵，无咎。

機會是有的，就看自己如何掌握。

九四爻動，剛轉柔，卦象成了水風䷯井。

「九四，棟隆，吉，有它吝。象曰：棟隆之吉，不橈乎下也。」

抓住機會，全力以赴，中間的力量強化了，可以穩定棟樑，故吉也。祇是大過之時，變化萬端，短期的吉，不代表就沒事了，隨時仍會發生不幸的事，是以穩定的堅持態度是非常重要的，所謂「獨立不懼，遯世无悶」。

第五章

秦檜登場

秦檜誕生於宋哲宗元祐五年（一〇九〇）。父親秦敏學是江寧人氏，秦檜是繼室所生，排行第三，有兩個異母兄長。秦檜出生不久，秦敏學也以四十高齡，首次出任湖州安吉縣丞，官雖不大，但生活有很大改善。後來，又出任信州玉山縣令。可以說秦檜的出生，對他的父親是件吉祥的事。

◆受教汪伯彥

秦檜從小便沉默寡言，態度顯得陰沉。但他的才智極高，記憶力極強，背誦古文幾乎過目不忘，鄉人視之為神童。

小時候，家鄉來了一位叫作汪伯彥的書生，安徽人，秦敏學公事繁忙，便聘汪伯彥為孩子的家庭老師。汪伯彥野心極大，深通歷史典故，一心想飛黃騰達，成為當代將相。

秦檜非常勤勉向學，平常話不多，但提出的問題都非常犀利，有時連汪伯彥都難以應付。對這位面容削瘦、個性倔強的孩子，雖不討人喜歡，但汪伯彥也意識到秦檜的才華，絕非等閒之輩。

特別是書法，秦檜極為用心，隸書、楷書、草書、行書、篆書，每種都很拿手，而且認真練習，幾乎到達廢寢忘食的地步。

他讀書多而龐雜，詩賦經子無所不通，更因汪伯彥的指導，也深通史傳——《左傳》、《戰國策》、《史記》、《漢書》等無不涉略。

汪伯彥非常欣賞秦檜的敏銳度，特別是對歷史事件的洞識能力，有時候汪伯彥也自歎不如。汪伯彥喜歡和秦檜談論時事，從王安石變法到新舊黨爭，或是蔡京、童貫等擅權，無不論及，在年輕秦檜心中，這些當代不可一世的將相，其實也各有其弱點，並沒有什麼了不起。

在汪伯彥指導下，秦檜對時政充滿著熱情和關心。不久，汪伯彥中了進士，也達成他一生想做大官的志願。出任相州知府時，正逢趙構南下，汪伯彥便舉兵擁戴趙構，遂成為皇帝手下首席紅人。

◆太學的長腳漢

進入青春期的秦檜，身材瘦長高大，臉色蠟黃，狹長削瘦，顯得陰沉而頗富心機。由於學問很好，經鄉里人士推薦，秦檜進入了太學，成了太學生。

太學的課程更是豐富，經、書、禮、易、春秋都有名師指導，外學有四個講堂，分成一百齋，每齋三十人，由國子監祭酒總管，另置司業、主簿、丞各一員，博士十員，學正、學錄各五員。

秦檜天資好，作事認真，在太學中表現非常出色，很得老師的器重。

汴京是個繁華都市，引誘極多，太學生有些環境好的，喜歡到酒肆去胡鬧一番，但秦檜一律敬謝不敏，祇認真的讀書，不管別人之事。是同儕口中，沉默寡言的正人君子。

但秦檜冷峻幾乎到無情的個性，是一般人很難親近的，他的朋友也非常少，就算欣賞他才華的人，也很難和他深交。

◆初中進士，得貴人器重

宋徽宗政和五年（一一一五），秦檜以二十五歲高中進士，並受命為密州教授。也就在這一年，女真族的金皇朝建立了。

教授是種學官，仁宗時設置，以經術、行義，訓導學生。這種職務一點行政權力也沒有，秦檜自然不能滿足，不過唯一的好處是有機會接觸到高層人士。

熙寧年間的宰相王珪，有個叫做王仲山的兒子，他有位女兒待字閨中，而且是童貫的乾女兒。王仲山聽說秦檜資質甚佳，他日定是宰輔之才，幾次會面後，果然不同於一般泛泛之輩，王仲山便決定將女兒許配給他。

寒門出身，攀得這門親事，自然使秦檜身價百倍，但秦檜卻一點也不驕傲，他更認真學習，希望早日升官以得到親家們的認同。

宣和五年（一一二三），秦檜參加詞學兼茂科考試，這是選拔代擬詔誥時務策的人才，也就是朝廷的代言人角色，考試甚嚴，每年錄取人數不超過五人，秦檜是那年唯一被錄取的考生，因此頗受到朝廷方面的重視。

果然，以秦檜的文采，在這種工作上表現非常突出，很快得到當朝宰相李邦彥的器重。

李邦彥也是窮人出身，在朝中朋友不多，因此用心攏絡班底。像秦檜這種出身貧農、才華又高，而且姻親關係不錯的青年才俊，是最理想的班底成員。

在和秦檜詳談後，李邦彥向宋徽宗推薦秦檜出任大學學正，這是掌管太學校規的官員，太學也是培訓人才重要的機構，將秦檜放在這裡，李邦彥有其長期培養的計劃。

◆國難期間露鋒芒

宣和七年（一一二五），在擊潰遼國之後，金軍大舉南下攻宋。十二月，徽宗退位，太子趙桓繼位，是為宋欽宗。

靖康元年（一一二六），以兵部侍郎李綱為首的主戰派，號召勤王義師，準備死守汴京。李邦彥則屬主和派，積極活動，勸說欽宗和金軍停戰議和。

秦檜倒不完全依附主和派，他持觀望態度，希望調和兩派意見，為國家找出一條應付緊急危機之道。

在深思熟慮後，秦檜向欽宗奏上了一道軍機的奏章，在奏章中，他提出四個重要主張：

一、金人貪得無厭，若被迫割地時，祇宜割燕山一路。
二、金人狡猾奸詐，和議中，防禦也不得鬆懈。
三、請和文武百官議事，選擇正確意見，寫入盟約之中。
四、請求將金國使節安排在外面的館驛中，不讓他們進入朝門和議堂。

這個奏章雖然沒有被層峰接受，但不久，朝廷任命秦檜為尚書省兵部職方員外郎，掌管全國疆域、郡縣及鎮寨等圖籍，顯然有意借重他為談判代表。

沒多久，又任命他到張邦昌手下任事，但秦檜認為張邦昌一味投降論誤國，拒絕成為割地的代表，一共上了三本奏章推辭，並表明反對一味求和，欽宗才作罷此項任命。

金軍迫近汴京，欽宗派遣康王趙構及張邦昌出使金國，進行停戰和談。

各地勤王軍集結汴京，抗敵士氣激昂，李綱力主士氣可用，得到欽宗同意，以義師姚平仲夜劫金營，卻被打得大敗。

欽宗和李邦彥祇得罷黜李綱，割三鎮以求和。

金軍要求以肅王趙樞換回康王趙構及張邦昌，並割讓三鎮作停戰條件。

但誰是適合的談判人選呢？欽宗想到頗有議論頭腦的秦檜。秦檜以禮部侍郎的名義，和兵部侍郎程瑀共同負責赴河東割地的任務。

秦檜雖然百般不情願，但國難當頭，祇得奉旨前往。

◆靖康風雲國恥日

當秦檜和程瑀兩人到達燕山府時，卻發現金國大軍已經撤退了。原來汴京軍民反對割地求降，各地勤王師集中京城，欽宗祇好讓李綱復職，積極備戰。

金軍認為已得到割地承諾，又見宋國兵力加強，自己軍隊補給反而有困難，於是先行撤軍。

秦檜兩人也趁機放棄割地任務，火速返回朝廷。

朝廷認為秦檜勇赴國難，封他為殿中侍御史，不久，又加封為左司諫。

總之，國難期間，秦檜以勇於任事，一路平步青雲。

靖康元年（一一二六）八月，金軍再度大舉南侵。主戰派李綱、吳敏、徐處仁均先後被罷黜，由主和派的唐恪為宰相。

欽宗請文武百官對當前局勢表示意見，唐恪、耿南仲等力求割三鎮以求和，秦檜等三十六人，堅持反對割地。

於是再派康王趙構前往議和，趙構到磁州，為知州宗澤所阻，勸其勿北上，正好秦檜的啟蒙老師汪伯彥為相州知事，便以二千人馬，將趙構送往相州，暫時安頓。

十一月，金軍圍攻汴京。

唐恪罷相，以主戰派的何㮚繼位宰相。欽宗誤信郭京的神兵之說，使汴京在倉皇中陷落。

宋國統制姚友仲、何慶言、陳克禮均戰死，何㮚率領軍民展開巷戰，金軍一時也很難拿下汴京城，於是和議又起。欽宗立刻答應，並進行投降之談判。

由於賠償的黃金及絲帛均無法湊足，金軍再度施壓。靖康二年（一一二七）正月，欽宗親自赴金營，便遭到扣留了。不久，太上皇徽宗、太后、鄆王趙楷、諸妃子、公主、駙馬，全被逮捕送入金營。

金國也正式確立了張邦昌的傀儡政權。國難之日，秦檜在御史台府，向金營寫出書面申請書，如下：

檜荷國厚恩，甚愧無報。今金人擁重兵臨已拔之城，操生殺之柄，必欲易姓，檜盡死以辯，非特忠於主也，且明兩國之利害爾。

明顯透露願意議和，但堅決反對立張邦昌之立場。不久，秦檜夫婦也被金軍正式逮捕，送往金營。

◆淒風泣雨北行路

靖康二年三月二十八日（西元一一二七年五月十一日），徽宗及寧德皇后、諸親王、嬪妃、乘牛車八百多輛，經濟州向北出發。

四月初一日，欽宗、皇后、太子等由鄭州出發，所有汴京宮內的古物、寶器、國家重要資料全被搜括一空。

秦檜、何㮚、孫傅、張叔夜等大臣，則隨欽宗北上。大隊人馬浩浩蕩蕩離開雄偉的汴京城，大家心中十分茫然，今生今世，可能再也回不到這個地方了。

原本繁榮的中原，經過數年兵荒馬亂，呈現一路荒涼殘破的景象，入夜之後，大隊人馬夜宿野外。

剛烈的何㮚，發著高燒，嘴巴猶唸唸有詞，低聲吟著：「念念通前劫，依依返舊魂，人生會有死，遺恨滿乾坤。」

秦檜聽了，暗自落淚，他表情呆滯，食不下嚥，有如發狂之狀。妻子王氏在旁邊，輕輕勸說：「留得青山在，不怕沒柴燒，官人還是多保重身體才是。」

秦檜也表示：「此去北國，祇恐凶多吉少，與其像蘇武一樣流放塞外北漠，還不如一死了之！」王氏安慰道：「你平日的雄心壯志哪裡去了？留下這條命，才能『將以有為呢』，況且，今日之事，鹿死誰手，還很難說，你我北國之行，可要見機行事啊！」

一行人被押解到燕京，金太宗完顏晟封徽宗為昏德公，欽宗為安昏侯，極盡侮辱之能事，大臣們則被流放到各地。秦檜被派往左監軍撻懶手下任事。

◆心態立場重大改變

其實，在汴京和金營的數次議論中，金國大元帥早看中了秦檜的才幹及思路的周密，有意加以重用。到燕京後，便向金太宗推薦，金太宗也認為秦檜是個人才，遂將他放在堂弟撻懶的身旁加以培訓。

剛開始秦檜有點猶豫，但在王氏勸說下，秦檜決定見機行事，展開和過去完全不同的生活形態。

撻懶是金太祖及金太宗的堂弟，在金營中身分非常高，他並不是一般武夫型人物，反而是氣質溫雅，為人客氣的儒將。他也很欣賞秦檜的細心，任命他為軍中的執事，非常信任他，一點也不視之為宋營的降臣。

和秦檜同時受到重視的大臣，還有孫傅及司馬樸。

孫傅對金人的好意，視若無睹，他無法忘卻亡國之痛，隔年便病死了。司馬樸是名臣司馬光的姪孫，欽宗時任兵部侍郎，他同樣拒絕了金方的好意，寧願被流放，數年後，也死於真定。

相反地，秦檜的立場變了，他逐漸成了撻懶的親信，開始雖仍堅守宋國亡國大臣立場，但可能受到撻懶個人魅力的感染，秦檜慢慢忘了宋國的亡國之恨。

在這段期間，秦檜也認識被稱為金兀朮的完顏宗弼，宗弼是金太宗的四子，以猛勇善戰聞名。

金兀朮非常喜歡秦檜，視之如兄弟，飲宴中，常派遣嬪妃為秦檜敬酒，一點也不將他視為降臣，使秦檜非常感動。

建炎元年（一一二七），南宋政權成立，金營便要秦檜以宋徽宗的名義擬定招降書，祇是戰事連連，這封書信一直未曾送達宋高宗趙構手中。

建炎四年（一一三〇），撻懶奉命攻打楚州（江蘇淮安），秦檜被任命為軍事參謀兼隨軍轉運使。

楚州軍民在宋將趙立的率領下，頑強抵抗。撻懶在金營中屬主和派，他比較喜歡用談判方式，因此秦檜常成為他招降檄文的起草人。但楚州的招降並未成功，雙方長期對峙著。

就在這段期間，南宋主戰派大將韓世忠、岳飛等崛起，在軍事上經常給金軍重大的反擊。主戰的金兀朮於是力主擁立劉豫的傀儡皇朝以對抗南宋的政權。

撻懶則向金太宗提出另一個計劃，直接將主和的力量打入宋高宗的朝廷中，這個計劃的主角，便是秦檜。

建炎四年的某一天，撻懶找來秦檜，兩人密會了大半天，出來時，秦檜的眼中放出了犀利的光芒。

當晚，秦檜派遣心腹僕人，潛出軍營，帶著自己親筆信到濟南，向岳父王仲山借了一些資財，又偷偷買了一艘船，藏在河邊的蘆葦中。

中國歷史上，一件驚天動地的間諜事件，便在天色未亮前，偷偷展開了。

〔陳文德說評〕《易經》第十八卦，山風䷑蠱。

蠱的綜卦為澤雷䷐隨。

隨是形勢比人強，雷在澤下響起，能量大變化，故宜隨機以應變。應變不足，腐化由中而生，故隨蠱相綜。

山風，風在山中，繞不出來，氣塞了，必然腐化，是為蠱。

蠱的卦辭：「蠱，元亨，利涉大川，先甲三日，後甲三日。」

蠱時，更應積極除弊，故元亨，元者新也，心情要保持清新，氣場要亨通，要比平常更努力、更開朗，才能面對蠱境。

蠱時，要更勇敢，更積極，面臨風險及劇變，故要有冒險的心去開拓新境界，是以利涉大川。

但蠱時，條件非常不好，奮鬥中要審慎，計劃要周詳，立場要堅定，做好準備工作，是以先甲三日，後甲三日。

甲，天干之首，先甲是事先的準備，後甲是事後的審評，三日是至少的準備時間，蠱時更宜小心謹慎，不可大意，否則除弊不成，必腐化得更深了。

蠱卦的彖辭：「蠱，剛上而柔下，巽而止，蠱。蠱，元亨，而天下治也，利涉大川，往有事也。先甲三日，後甲三日，終則有始，天行也。」

上卦為艮，山，屬少剛，下卦為巽，風，屬老陰，柔也，故上剛下柔，巽而止。風遇山也，氣被擋了，故腐化。但蠱時，祇要能元亨，則反而可以天下大治。

危機，是危險及機會。危險中機會特別多，宜更積極掌握。去冒險，故利涉大川，積極以任事也，蠱時不可退縮，要向前走，退縮便停滯了，會蠱得更厲害。先甲三日，後甲三日，審慎周到，終則有始，持續不停的努力，天道必能行也。危機中，更不可消沉喪志，要更樂觀，更積極，祇有奮鬥不懈，才能解除蠱境。

蠱的象辭：「山下有風，蠱，君子以振民育德。」

努力振興民心士氣，培養品德，才不會使蠱時腐化得更深。

蠱卦的處理重點在上九及六五，也就是最上面的兩個爻。

六五爻變，成巽卦䷸，保持黃裳元吉的心，面對蠱境，溫柔但堅定，才能完全不腐化。

「六五，幹父之蠱，用譽。」

蠱是環境所逼，是本質上的問題，祇有用譽，以名節及榮譽之心面對，堅定到底，才是正確之道。

象曰：「幹父用譽，承以德也。」

這時候德性最為重要，成敗得失的關鍵便在這裡。

上九爻變，山風蠱䷑成地風升䷭。

「上九，不事王侯，高尚其事。」

蠱時不可以功利的想法，任何功利必腐化更深，故不事王侯，潔身自愛，以高尚其事也。

象曰：「不事王侯，志可則也。」

堅定立場，不為功利引誘，是蠱境最高的指導原則。

秦檜之所以成為千古罪人，便是在蠱境時，未能謹守自己的本分。過強的企圖心及自憐自艾的個性，便是喪失原則的主因。

第六章

隱身間諜

《孫子兵法》第十三篇，全篇討論用間的問題，孫子本人對用間非常重視。他甚至主張商湯用伊尹，文王用子牙，便是最高段的用間原則。

開宗明義，孫子寫道：

凡興師十萬，出征千里，百姓之費，公家之奉，日費千金。內外騷動，怠於道路，不得操事者，七十萬家。相守數年，以爭一日之勝，而愛爵祿百金，不知敵之情者，不仁之至也。非人之將也，非主之佐也，非勝之主也。故明君賢將，所以動而勝人，成功出於眾者，先知也。先知者，不可取於鬼神，不可象於事，不可驗於度，必取於人，知敵之情者也。

打仗必須先知，先知必先用間，是以會用間是打仗的第一要務，人之將、主之佐、勝之主，都要懂得用間。

故用間有五，有鄉間、有內間、有反間、有死間、有生間，五間俱起，莫知其道，是謂神紀，人君之寶也。……

故三軍之事，交莫親於間，賞莫厚於間，事莫密於間，非聖賢不能用間，非仁義不能使間，非微妙不能得間之實。微哉！微哉！無所不用間也。

◆和平工作者

建炎四年（一一三〇）的某一天，撻懶祕密晉見金太宗。

「擁立劉豫，雖是好方法，但張邦昌失敗的前車之鑑，同樣可能發生在劉豫身上，不如派人直接進入宋國朝廷，分化他們來得有效。」

「你的意思是派遣反間或死間？」

「將目前在我們營中的宋朝大臣，找個最有用的人，讓他回到杭州。」

「把俘虜遣還？」

「不，這樣他們不會信任他，要讓他自己逃回去。」

「這是好方法，但人選呢？」

「有個人，大家都知道他對宋國忠心耿耿，宋國人不可能懷疑他會是我們的間諜！」

「什麼人？」

「秦檜！」

「我知道這個人，但他肯嗎？」

「秦檜會被逮捕到北方，是因為他公開強烈反對擁立張邦昌，但這幾年跟在我的身邊，我們常討論南北兩方的問題，祇有維持和平，才是兩邊的最大利益，秦檜了解的，戰事看多了，身處其境也深受其害，秦檜很聰明，也很有創意，他是位很好的和平工作者。」

「祇有保持安定，天下才能太平，人民生活也才能幸福，但是杭州主戰者還不少呢？」

「會唱高調的人不少，但真正會打仗的人不多，比較可怕的是像岳飛及韓世忠。」

「不過，趙構並不相信他們，趙構缺乏決心，他比較容易接受和平的策略。」

「王氏對秦檜影響極大，是以要安排他們夫妻一起脫逃，以免秦檜日後反悔。」

◆南朝的唯一金國通

建炎四年（一一三〇）十一月，秦檜夫婦逃回了杭州。

「微臣在燕京殺死衛兵，冒死逃回，能回到朝廷，真是有如天助！」秦檜當廷痛哭，向宋高宗報告逃亡的經過。

宋高宗最關心的是徽、欽二帝的安危、金國的情勢，靖康國難後，所有的訊息都中斷了。秦檜回來，他親歷其境，提供的是第一手的情報，是最真實、最權威性的。

為了爭取信任，秦檜開始提供的情報，自然都是正確的，並且有深入客觀的分析。

當然不是沒有懷疑的人，祇是秦檜連妻子都帶回來了，絕不像是金國派他來的，否則金國一定會留下人質，這也是撻懶高明的地方，他讓秦檜成為沒有污點的間諜。

回到杭州的隔月，秦檜被任命為禮部尚書。

秦檜對金國的態度依然強硬，他堅持宋國的正統，表示絕不可示弱，要以強硬的態度，和金國交涉，因此連主戰派的首席領袖李綱，對秦檜也非常欣賞。

秦檜主張談判，不必害怕金人，據理力爭，反而是維持和平最好的方法。

戰爭是可怕的，何況宋皇朝的人質大多在金國手中，勇敢的交涉，不傷害人質，不卑不亢，是秦檜的基本態度，這也是最讓趙構欣賞並安心的地方。

隔年，南宋皇朝改元為紹興元年（一一三一）。

宋高宗趙構決定臥薪嘗膽，不接受新年朝賀，集中國力發憤圖強。

三月，秦檜受任參知政事，這是宰輔之職，正式的副宰相職位。

◆鬥垮范宗尹

現任宰相范宗尹是名青年才俊，三十多歲便出任宰輔重職。

范宗尹治國態度積極，力求革新。他主張按功封賞，不宜有酬庸性質，以免使官爵浮濫，行政效率低落。

這個政策侷限了皇帝任意封賞的權力。

在相府中討論時，秦檜也明白表示支持，並鼓勵范宗尹勇敢地向皇帝建議。

其實，秦檜竄升如此快，得到范宗尹的支持也是原因之一，因此范宗尹也視秦檜為自己的人馬，不疑有他。

這個政策自然惹惱了皇帝。

高宗召見秦檜，諮詢他的意見。想不到秦檜卻向高宗表示：「此法一行，濁流者的確會稍加削奪，但比起無過之人，他們仍屬僥倖，不過清流者，特別是有功的人，則失去掛吏議政的機會，可能因此受辱而不敢立朝，國家平白損失了人才。」

秦檜的議論自然比較合乎皇帝的心意，高宗也明白的表示反對范宗尹的政策。

這個政策的確會得罪不少人，特別是有背景、有特權的官員，因此翰林學士汪藻起草，彈劾了范宗尹，范宗尹因此罷除宰相，退居天台，不久便憂鬱而死，年紀才三十七歲。

這段期間，秦檜非常認真工作，並提出多項對國家有願景的大規劃，在相府中，很得同伴們的支持。

同年八月，秦檜受任右僕射，同中樞、門下平章事兼知樞密院事，也是名副其實的宰相之職。

◆呂頤浩的回馬槍

在秦檜拜相不久，也就是紹興元年（一一三一）九月，宋高宗任命呂頤浩為尚書左僕射。呂頤浩字元宣，東陵人，進士出身。建炎三年（一一二九），苗傳及劉正彥發動兵變，逼高宗退位，當時任江東制置使的呂頤浩聯合尚書禮部侍郎張浚，約集韓世忠平亂，協助宋高宗復位，因此以功勞進入了相府。

呂頤浩是主戰派，他支持襄鄧鎮撫使桑仲收復汴京的計劃，因此當時沒有呂頤浩主軍事，秦檜主庶務之議，呂頤浩也奉命都督江淮荊浙諸軍，暫時離開了相府。

這對主和的秦檜便少了一塊阻擋的石頭，暫時放下了一件心事。

但呂頤浩到達常州，桑仲已經被殺，整個計劃衹好暫緩，呂頤浩又返回京城。就在這段時間，呂頤浩察覺了秦檜有意排擠自己。

但秦檜在宋高宗的心目中，地位穩固，很難直接對他下手。由於當代經學大師胡安國在朝廷上頗具影響力，他又很尊重秦檜的博學多才，兩人來往密切，呂頤浩於是打算由胡安國下手。

胡安國個性高傲，很容易得罪人，呂頤浩利用機會罷除了胡安國。衹是胡安國聲望高，這次罷免行動，引發不少反彈，包括殿中侍御史江躋、右司諫吳表臣、給事中程瑀，都上表指出對胡安國的尊崇。

呂頤浩趁此機會，認為這屬秦檜一黨，應該一網打盡，於是這一波落官的人數，多達二十餘人。

秦檜發覺情況有異，但已失去先機，為保持立場，他主動向朝廷提出辭呈。但也趁此機會，表明了他的主和立場，不是為自己的官位，而是國家的利益。

南人歸南，北人歸北，維持均勢，避免緊張和戰爭，既然自己的主張和皇帝不同，自然宜歸隱鄉里。但這次的不幸，卻也使秦檜日後的主和政策合理化了。

◆撻懶獲得金國政權優勢

秦檜在家中吟詩作賦期間，國際局勢又發生了重大的變化。紹興五年（一一三五），金太宗完顏吳乞買病故，由完顏阿骨打之孫完顏亶繼位，是為金熙宗。

金熙宗非常信任撻懶，使金營中主和派抬頭。趙構猶然念念不忘在北方的雙親和妻子，有可能讓自己和親人見面的，仍然衹有秦檜。

秦檜的主張非常清楚和務實，黃河以北屬金國，河南、淮北是劉豫的齊國，淮河以南由南宋統治，這樣子國際均勢下，雙方便不會有戰事了，人民也才能安居樂業。

主政者應該顧及人民的生活，南宋更重要的是強化經濟和文明的實力。雖然這種論調，南宋內部反彈很大，但大家不得不承認這比主戰派務實多了。

紹興七年（一一三七），北方傳來消息，宋徽宗和寧德太后已先後在二年前去世，高宗非常哀傷，議和之事再度被提起。不久，劉豫的齊國又被金國所廢，緩衝地區消失，金國和南宋再度短兵相接。

當時的宰相是主戰派的張浚。

張浚是在紹興六年（一一三六）二月，以宰相之職都督各部軍馬，力主北伐劉豫，恢復中原。

左宰相趙鼎是張浚的支持者，這段期間，南宋皇朝可以說是由主戰派主導。

張浚力主高宗御駕親征，進駐建康，於是高宗任命秦檜為臨安留守，以醴泉觀使兼侍讀的身分，可以參與尚書省樞密院事。

張浚數度擊敗劉豫，也是劉齊亡國的主因之一。

但齊國滅亡後，南宋主戰派卻發生了分裂。由於張浚功勞大，讓趙鼎很不是味道，雙方在政策上便出現了分歧點。

◆主戰派退場

有一次，張浚和趙鼎論起治國人才，張浚頗欣賞秦檜，認為他有學問，並且為人忠厚。趙鼎則冷冷地答道：「此人得志，我倆將無立足之地。」

張浚心中的秦檜，仍是靖康國難期間，挺身直言的官僚，仍是盡忠於趙氏政權的忠臣。

趙鼎則認為：「張浚長於知君子，短於知小人！」

◆知皇帝心者秦檜也

宋徽宗的噩耗傳來，高宗非常痛心，茶飯不思，日夜以淚洗臉，眾大臣陪著到內殿安慰皇帝。高宗哽咽表示：「本指望上皇、太后能奉迎還朝，以盡人子孝思，哪想到會崩逝異域，抱恨終生！」

秦檜也在一旁呢喃道：「當時我和上皇一起身陷金國，有幸得以逃回，還想著今後還有相見之時，誰知一別之後，竟成永訣！」

高宗聞言更是心酸，眾大臣勸慰道：「天子之孝與庶人不同，一定要以宗廟社稷為重，今梓宮未返，天下塗炭，希望陛下能揮淚而起，斂發而趨，一怒以安天下之民。」

自此之後，高宗心中又積極醞釀著和談之議，以便派使迎接太皇靈樞及宣和太后回朝（太后噩耗尚未傳到）。

得知高宗又要議和，秦檜自然是最高興的。

想不到張浚嚴詞反對，並主張率領三軍發喪成服，北上復仇，高宗默然不語。張浚反對議和，每上疏必言「國恥」，高宗心裡非常不快，最後不得不批准他的辭職，以趙鼎繼任左僕射。

趙鼎字元鎮，解州聞喜人（現山西省），進士出身，欽宗時任開封士曹。

金人陷太原，朝廷議割讓三鎮，趙鼎力阻：「祖宗之地，不可與人，何庸議？」

金人立張邦昌，趙鼎遊於太學，不書議狀。

高宗繼位，趙鼎隨到臨安，授戶部員外郎兼殿中侍御史。

趙鼎個性正直，敢於直言，在朝中威望頗高。

紹興八年（一一三八），高宗由建業返回臨安，召見趙鼎表示：「秦檜久在樞密，得無怨望否？」趙鼎表示：「檜大臣，必不爾，然用之在陛下爾，況自有闕。」

第二天，高宗下詔，封秦檜為右僕射，同中書門下平章事兼樞密使，這也是秦檜罷相六年後，再度登上相位，至此長達十八年之久。

◆最後的鬥爭

趙鼎再度拜相時，秦檜為樞密使，對趙鼎畢恭畢敬，唯命是從。趙鼎雖然不信任秦檜，但對秦檜的忠誠，還是很感動，不斷在高宗面前為秦檜美言。

等到秦檜成了宰相，和趙鼎分庭抗禮時，態度就一百八十度大轉變，不但言詞上常有頂撞，臉色也大不對了，特別在與金國議和這件事情上，兩人歧見更大。

趙鼎議和的態度堅定，要求雙方平等對待，並以黃河舊河為界，北方屬金，南方屬宋，否則寧可開戰。

秦檜力主雙方要有誠意，不宜有預設立場。秦檜說服侍御史蕭振上疏彈劾趙鼎的得力助手劉大中，真正的目標自然是想鬥垮趙鼎。

趙鼎個性正直，說起理來嚴正而不妥協，因此在議和這件事情上，和皇帝也常鬧得不愉快。更由於秦檜能迎合高宗的想法，調整自己的策略，也使趙鼎和皇帝愈行愈遠，趙鼎在朝中的人馬，也逐漸見風轉舵，倒向秦檜的陣營，最後趙鼎發現自己在宰相府中，形單影隻，無支援力量，於是自動向皇帝請辭，轉任紹興知府，而由秦檜來主持大政。

秦檜雖然排擠了趙鼎，但朝中反對議和的，仍大有人在，樞密院編修官胡銓事件，最為令人驚動。

趙鼎罷相後，胡銓上疏皇帝，直諫議和之弊，預言議和派將使宋國成為劉豫，完全失去立場，上疏最後更痛心指出臣等「義不與檜等共戴天！」

胡銓的奏疏更印成傳單，在民間廣為流傳，引起臨安輿論界非常大的反彈，連秦檜都深感到不安。

胡銓自然不會有好下場，儘管不少大臣上疏求情，胡銓最後仍被判流放。

秦檜乘勢大力整頓朝中大臣，使主和派可以完全掌握政策決定。面對此關鍵時刻，金國也放出風聲，如果談判不成，將主動釋放宋欽宗，並以欽宗組成的政權作為談判對象。這對高宗趙構自然是很大的壓力，不得不授權秦檜全權負責推動雙方的議和談判。

對秦檜而言，最頭痛的還不是朝中這些反對議和的文官，皇帝的想法和意志，文官是抵擋不了的。但以務實面而言，有個更可怕的政敵，他便是南宋朝廷的首席戰將，年紀輕輕便官拜太尉的超級戰爭機器岳飛。

〔陳文德說評〕環境面臨重大改變時，每個人總有各自的立場，有立場必有爭訟，有爭訟必有衝突，如何面對爭訟，也是生命中的重大智慧。

《易經》第六卦，天水☰☵訟，便是討論爭訟的卦象。

天水一線，清清楚楚，明明白白，絕不妥協，言之必公也，不可有任何私心，是訟卦的本質。

訟的綜卦是需，水天☵☰需，各有需要，各有立場，故有爭也。有爭必有傷，有傷則成明夷，訟和明夷相錯，以明夷的智慧面對訟卦也是很重要的。

訟卦的卦辭：「訟，有孚窒，惕中吉，終凶，利見大人，不利涉大川。」

孚是誠心，面對爭執時要拿出真心來，窒者傷也，爭執之時，雙方之心必會受傷，要了解對方的「傷心」，警惕在心中。訟卦的九五、九二中爻都是剛爻，維持剛正則吉也。

爭執雖要嚴守剛正，但必須有裁判人，否則爭到最後，成了為反對而反對，爭得太濫了，一切終凶。裁判人便是大人，是以訟卦是利見大人。但事情未搞清楚前，不必急著去執行，更不宜處理重大的抉擇，故訟時不利涉大川。

象辭上寫道：「訟，上剛下險，險而健，訟。訟，有孚窒，惕中吉，剛來而得中也。終凶，訟不可成也，利見大人，尚中正也，不利涉大川，入於淵也」

訟卦的上卦是天，天屬陽剛，能量為健，是乾能代表；下卦是坎，屬水，屬險，面對險境，邁向健能，故險而健，面對壓力，絕不妥協。

九二、九五均為剛爻，是以剛來而得中也。訟，終凶，故不可長也，爭執愈快解決愈好，不可拖太久。訟時利見大人，上下卦主要能量均為剛爻，不利涉大川是陷入坎中，則爭執更凶，故訟時要講清楚，說明白，但不急著去執行。

訟卦的象辭：「天與水違行，訟。君子以作事謀始。」

立場不同，要找到最原始的本質，由本質去進行徹底的討論，故訟時宜作事謀始。訟卦宜低調，但卻不可妥協，關鍵爻在六三，六三陰變陽，則成天風䷫姤，或許有改變的機會。

訟卦三爻：「六三，食舊德，貞厲終吉。或從王事，无成。」

訟時不可「成」，不可自私，坤卦六三：「含章可貞，或從王事，无成有終。」為正道而爭，非為私利，故對自己雖無好處，但仍有利終也。

訟卦四爻：「九四，不克訟，復即命，渝，安貞，吉。」

九四，或躍在淵，做了重大突破，之卦為風水䷺渙。

故渙也，爭執不一定要贏，理清楚即可，爭執必須有突破，能突破則吉也。

訟卦九五：「訟，元吉。」坤卦六五，黃裳元吉，是訟卦最重要的精神。

故九五象辭：「訟元吉，以中正也。」

訟，爭執，在人的生活上是難免之情境，黃裳元吉，心存中正，則大吉，否則爭到底，終凶也。

第三篇

鷹派抬頭

匹馬南來渡浙河，汴城宮闕遠嵯峨。
中興諸將誰降敵，負國奸臣主議和。
黃葉古祠寒雨積，清山荒冢白雲多。
如何一別朱仙鎮，不見將軍奏凱歌！

——明・于謙・岳忠武王祠

第七章

精忠報國岳家軍

對秦檜而言，最大的心病是岳飛的強大作戰力。

岳飛，字鵬舉，相州湯陰人（今河南湯陰），宋徽宗崇寧二年（一一〇三），出生在一個農民家庭。

岳飛幼年時，非常沉默寡言，喜讀《左氏春秋》和《孫子兵法》，又天生神力，不到二十歲便能挽弓三百斤（約現今一百公斤），腰部開弩八石（約五十公斤），宣和四年（一一二二），應徵真定宣撫的敢死隊隊員。

靖康元年（一一二六），康王趙構奉命北上議和，在磁州為宗澤所阻，回到相州，奉欽宗密詔出任河北大元帥。武翼大夫劉浩負責招募勤王義士，岳飛前往應募，兩次立功升為從八品秉義郎，隸屬東京留守宗澤麾下，在兩次戰役中，再立大功，升為八品武翼郎，深受宗澤重用。

建炎元年（一一二七）三月，康王趙構即位為宋高宗，黃潛善、汪伯彥執政，岳飛上疏表示，執政者企圖苟安，還打算退守。他建議高宗改變主意，回到京城，親率大軍北伐，以收復中原失地。

這等主張自然遭到黃潛善等人排擠，遭到罷官。

◆企圖心旺盛

雖然遭到打擊和迫害，岳飛卻未灰心，他知道這是意料中的事，於是放棄作官，直奔河北前線，投靠河北招討使張所。

張所問他能夠對付幾個敵人？

岳飛表示：「勇不足恃，用兵在先定謀，謀者，勝負之機也，故為將之道，不患其無勇，而患其無謀。」

張所頗為肯定，更了解岳飛對國家的忠誠，便破格錄用。張所後來因反對議和，遭汪伯彥排擠，貶於嶺南。岳飛再度隸屬宗澤，並屢次擊敗金軍的攻擊。

建炎二年（一一二八）七月，宗澤年老病重，岳飛到床前慰問，宗澤臨死前表示：「汝等能捍敵，則我死而無怨！」並大聲疾呼：「渡河！渡河！」氣絕而死，這個情景讓岳飛感動萬分，更堅定為國犧牲的決心。

建炎四年（一一三〇），金兀朮親自率軍南下，岳飛在建康城南的牛頭山埋伏，金軍到來時，岳飛派遣百名軍士，身著黑衣，潛入金營，進行偷襲，大破金軍。

金兀朮祇好引軍撤到龍灣，岳飛親率騎兵三百，步兵二千，衝下牛頭山，再次大敗金兀朮，金軍祇好撤回淮西，岳飛再度收復了建康，也使岳家軍一戰成名，被公認是南宋首席戰將，聲勢更在名將韓世忠之上。

紹興三年（一一三三）秋天，宋高宗召見岳飛，手書「精忠岳飛」四字，作為旗幟以授岳家軍，並要為岳飛營造府邸，岳飛堅辭表示：「敵未滅，何以為家？」高宗問道：「天下何時可太平？」岳飛回答：「文臣不愛錢，武臣不惜死，天下太平矣！」高宗深受感動，想不到出身行伍的年輕武將，居然能講出如此富哲理的話。

紹興七年（一一三七）正月，岳飛從湖北往平江，晉見高宗，談論軍情，高宗問岳飛是否有良馬？岳飛表示：「自己曾有兩匹良馬，不幸相繼死了，現在這匹日行百里就已力竭吁喘，實在是駑鈍無用之材，可見良材真的不易得啊！」

高宗頷首稱是，於是封岳飛為太尉，宣撫使兼營田大使。太尉是武官中最高級的，可與執政並列，過去祇有韓世忠、張浚、劉光世具有這種身分，岳飛資歷短淺，能有此地位，可稱是絕無僅有。

◆主戰派首席紅人

岳飛擁護高宗進入建康，高宗也決定將淮西的兵力，包括王德、酈瓊的軍團也隸屬岳飛，並親筆手詔，讓岳飛去接管淮西的軍隊，信中表示：「聽飛號令，如朕親行。」

岳飛對高宗的信任和重用也非常感動，回營後特別用工整的楷書寫了一份奏摺，高宗親筆批示：「有臣如此，朕復何憂？進止之機，朕不中制。」又將岳飛召到內室，面諭道：「中興之事，一以委卿！」岳飛於是決定大舉出兵，北上中原。

高宗也把南宋皇朝大部分的兵力，授予岳飛指揮及節制，這是過去從未有的先例，看在秦檜的眼裡，自然很不是滋味。

秦檜最害怕的是，萬一岳飛北伐，朝廷立刻會成為主戰派的天下，自己根本無容身之地。此刻岳飛正得寵，自己若和他相對抗，不但毫無勝算，甚至可能全盤皆輸。

不過，高宗對岳飛的垂青，在主戰派中也有一個人很不是滋味，便是當時身為右相的張浚。張浚負責總督各部人馬，即使劉光世這種大將也必須聽他節制。但岳飛的職官中有一個「宣撫諸路」，其實地位和他相似，對岳飛的軍團而言，他早成了空頭都督。張浚曾有討滅偽齊的大功勞，岳飛和他比較，他認為其實也算不了什麼。

張浚的心事，很快被秦檜發現了，他設法擴大張浚和岳飛的矛盾，使主戰派的勢力無法集結。

宋國立國以來便對武將有很大的防備，所以張浚和秦檜要排擠岳飛，有相當的藉口。他們聯手向高宗進言：「祖宗家訓不可忘，岳飛權勢過盛，一旦功蓋天下，威震人主，悔之晚矣！」

高宗也有同感，便將這個燙手山芋丟給了張浚，他要岳飛凡事先和張浚相議。張浚遂乘機爭取了岳飛對淮西軍團的主導權，改由自己直接節制。

岳飛對此非常不滿，正好岳母去世，岳飛便上了一份奏摺，辭去所有軍職，未等批覆，就回廬山給母親守孝去了。張浚乘機接管岳飛所有軍團，兩人的關係瀕臨決裂的地步。

高宗對岳飛不告而別也不諒解，他甚至下令要以軍法來處置岳飛的擅離職守。

左司諫陳公輔上殿力勸：「飛本粗人，凡事終少委屈，以前大家都認為岳飛忠義可用，今日所以如此，祇是所見有異，望陛下詳察。」

高宗於是派王貴和李若虛，持聖諭到廬山，請岳飛復出，岳飛開始相當堅持，最後在兩人力勸下，才接受詔旨。

不久，岳飛到建康向高宗請罪，高宗也表示不記前嫌，但岳飛的桀驁不馴，也有了抗上的記錄了。對於這個結果，秦檜自然是非常滿意，總算及時阻止了主戰派的行情高漲了。

◆岳母刺字效忠

岳飛的父親工作忙碌，很少照顧家事，母親姚太夫人承擔了教子的重任。岳飛十六歲前，多學文事，由於時局惡化，十六歲後改習武事。天生神力，加上父親的指導及鼓勵，二十歲便投身軍戎，表現優異，成為小隊長。

從軍不久，父親去世，岳飛回故里執喪，姚太夫人耳提面命，親自教導。

二十四歲金人南侵，北宋皇朝滅亡，康王趙構在相州招募勤王義士，姚太夫人要求兒子「得為時用」，投效康王。離別時，《宋史》記載，岳母要岳飛裂裳以背對，表有「盡忠報國」四字，深入膚理，要求兒子一生要以此為志，效忠國家。

母親生病期間，岳飛非常痛苦，數度請辭，但以國難當前，岳母也要求他要顧全大局，以國事為重。後來發生張浚事件，正逢岳母去世，岳飛才會決定不顧一切，回鄉守喪，如果岳母仍在，相信這件事情也不會發生。

據說，岳飛執喪期間，水漿不入口者三日，痛哭時全身癱瘓崩潰，與其子岳雲跣足扶櫬，不避泥塗，有部將主動要求代替，岳飛謝絕，哀慟之情，旁人深受感動，無不落淚。

由此記載可看出岳飛的抗上，並非完全基於個人考量，正逢母喪，情緒無法掌控，也是重要原因。

岳母去世，岳飛也曾上奏，要求守喪三年。

高宗覆以御批表示：「三年之喪，古今之通理也。卿母終天年，連請守制者經也。然國事多艱之秋，正人臣幹蠱之日，反經行權，以墨微責視事，古人亦嘗行之，不獨卿始，何必過奏之耶。且命練兵襄陽，以窺中原，乃卿素志，諸將正在矢師效力，卿不可一日離軍，當以恢復為念，盡孝於忠，更為所難，卿其勉之。」

岳飛不得已受詔，乃復屯兵襄陽，時三十四歲。

岳飛十六歲娶李氏為妻，一生旁無姬妾。成就之後，雖有很多人送上美麗女子，要侍奉岳飛，都為其拒絕，他表示：「國恥未雪，聖上宵旰未寧，豈是大將宴安取樂之時。」對待妻子李夫人非常尊崇，夫妻情感極佳。

結婚次年，便生長子岳雲；二十四歲時，生次子岳雷；二十八歲，生三子岳霖；三十三歲，生四子岳震；三十七歲，生五子岳霆；後來又生二女，分別為安娘及銀瓶。

岳夫人待部屬非常慈悲，「諸將遠戍，武穆使夫人至其家問勞其妻妾，遺之金帛，申殷勤之勸，人感其誠，各勉君子以忠報。其有死事者，哭之盡哀，輟食數日，育其孤，或以子婿其女，士卒有疾，輒親造撫視，問所欲，親手為調藥。」

岳家軍英勇無比，作戰力超強，不是沒有原因的。

◆超級戰爭機器

岳飛作戰時非常英勇，小隊長期間，常率隊突擊敵營，其膽識及機敏，頗受重視。

在宗澤麾下時，靖康二年（一一二七），曹州大戰，岳飛披髮不戴頭盔，直衝敵陣，所率士兵，無不以一當百，宗澤甚奇之，並親授陣圖之法，期待日後成為大將之材。

為張所部屬時，奉命渡河北上，以少數兵力，擊敗金國大軍，傳為奇談。建炎期間，岳飛已自帶軍團，但因兵力較少，任務大多轉為內部剿匪。成名的戰役，當屬建炎三年（一一二九）的建康之役。

南京地位的重要性，今昔相同。宋高宗南渡後，要以江寧（南京）固守，以穩住鄂州及吳越，建炎三年，改名為建康府，以呂頤浩及杜充為左右僕射，杜充兼任江淮宣撫使，留守建康，節制沿江諸軍團。

建炎三年十一月，金軍南下，杜充竟開城投降，造成杭州（臨安）失去屏障，高宗逃難於溫州海上。幸岳飛在南京大敗金兀朮軍隊，收復建康，高宗才得返回紹興（越州），並改元紹興年制，不久又恢復杭州（臨安府）。

南京之役發生在建炎四年（一一三〇）五月，金兀朮親自指揮建康的金國大軍，岳飛設陣於牛頭山待之，是夜，派出黑衣突擊隊，騷擾金營，金兀朮軍攻龍潭，欲索城中金銀、縑帛，岳飛親率騎兵三百、步卒二千，由牛頭山而下，攻擊南門，設寨逐戰，大破金軍，斬殺三千餘人，金兀朮大驚，率隊退向淮西，建康得以收復。

其間，岳飛和金軍連續對陣六次，幾乎讓遠來的金軍毫無喘息的機會，對士氣的打擊極大，也迫使金兀朮不得不暫時退兵。

同年十一月，諜報金軍以二十萬將取通泰，各路兵馬無不面露怯色，通泰無險可守，大家評估不可戰，岳飛奮不顧身，派軍力保柴墟，並下令百姓南移陰沙，岳飛親率二百騎殿後，金人不敢逼，遂能屯兵江陰。

金軍圖攻泰縣，岳飛下令堅守，但仍因後援不繼，軍心大動，岳飛下令將所有飯鍋集中，不加蓋桶，讓飛鳥都來啄食，顯示軍糧充沛，讓金人不敢乘機強攻，泰縣軍情也因而趨於穩定，由此可見岳飛過人的膽識及堅持。

◆收復鄂豫及襄陽

紹興三年（一一三三），岳飛受任鎮南軍承宣使，指揮部設於九江，統制江南西路，防守區南達廣州。

襄陽知府李橫，隨州知州李道，信陽軍鎮撫使牛皋，河南鎮撫使翟琮，商虢鎮撫使董先，均因齊國南侵，防地失守，撤退到南方，奉命統由岳飛指揮節制。黃州知府鮑貽遜更因敵人壓力主動渡江退守鄂州，南宋情勢面臨嚴重考驗。

紹興四年（一一三四）二月，岳飛主動上奏請求出兵，光復襄陽六郡，以圖中原，趙鼎強力支持下，高宗下令岳飛兼任荊南、鄂州制置使。

岳飛奉命後，便積極動員，五月初克復郢州、隨州，月中收復了襄陽，六月初進軍新野，七月中再攻鄧州，不久又恢復唐州，不到一百天，收復的失地廣達千里。

在這些戰役中，齊國的軍隊均比岳飛為多，但岳家軍攻勢猛烈，絲毫不給放鬆餘地，使齊國的守軍士氣大亂，一敗塗地。

紹興七年（一一三七），岳飛升任為湖北京西路宣撫使，兼營田大使，專使鎮撫湖北、京西（今鄂、豫、陝地區）。紹興八年（一一三八），奉命由襄陽進軍郢州，直到紹興十一年（一一四一）調任樞密副使為止，岳飛一直防守住襄陽、武昌、江陵、荊州等地。

日後岳飛含冤而死，這些地區的軍民聞訊哭聲震天，荊襄人士日後更建「精忠堂」以紀念之，可見岳飛在這個地區的聲望及治績。

紹興四年（一一三四），金軍南侵合淝，岳飛派遣牛皋、徐慶率軍前往解圍，金軍不敵，祗得退回北方。紹興六年（一一三六）八月，岳飛再遣王貴、郝晸、董先等人攻商州及虢州，又遣楊再興進軍洛寧，宜陽、新安等地，深入汝南地區，給予齊國很大的威脅，也成了日後齊國完全崩潰的原因之一。

南宋諸將中，韓世忠及劉錡對守土有功，但若以恢復失土而言，岳家軍堪稱第一名。

◆主和派陰謀反制

紹興十年（一一四〇）十一月，金軍主戰最力的粘沒喝病逝，金熙宗以主和的撻懶為左副元帥，金兀朮為右副元帥，代替粘沒喝為金國最高軍事領袖。

這時候，金兀朮的屬下搜集到岳飛給齊國劉豫的蠟書，其實日後證明這是岳飛的計策，故意擴大劉豫和金國間的矛盾，這個事件終於使金國決定廢掉偽齊。

撻懶建議金熙宗將齊國的部分領地，送還給南宋管理，以促成兩國的停戰及和談。宋高宗遣王倫出使金國，進行交涉，並有意進行和談。

岳飛上疏，懇請利用金國及齊國不穩情勢，「搗其不備，長驅以取中原」，高宗將岳飛奏章擱置一旁，不予理會，以表明求和的意願。

京東宣撫使韓世忠也向朝廷奏請北伐，不可貽誤軍機，秦檜以樞密府名義奏請高宗，要求韓世忠移軍鎮江，以捍衛朝廷，韓世忠以軍情緊急拒絕，並上奏表示：「敵情叵測，其將以計緩我師，乞獨留此軍蔽遮江淮，誓與敵人決一死戰！」

高宗感其誠意，祇得收回成命。主戰派諸將積極備戰之際，高宗卻想議和，君臣間關係陷入空前緊張。

紹興八年（一一三八）二月，高宗離開建康，回到臨安。

三月，任命秦檜為右僕射，同中書門下平章事兼樞密使，這也是秦檜正式重新登上宰相之位，主和派在皇帝的支持下，再度取得絕對的優勢。

吏部侍郎晏敦復面有憂色，同僚問他怎麼了，晏敦復長歎一口氣說：「奸人相矣，朝廷還會有希望嗎？」大家覺得秦檜忠誠可靠，主和政策主要也是為了皇帝和國家，但晏敦復則有不同看法，他認為秦檜會把朝廷帶向錯誤的方向，對趙氏政權將是非常不利的。

南宋南遷後，武裝部隊大多各屬地方的勤王義士，表面上雖隸屬朝廷，其實軍團各擁山頭，面臨強敵及國難，大家還能團結一致，但時間拖久，軍團將領利害不一，力量就很難集結了。這種平行力量的運用，《易經》第四十五卦萃，便在探討這個問題。

萃，澤地䷬，澤水在地上平行流動，如何集結便是萃的道理。

萃的綜卦是升，地風䷭升，平行力量必須成為提升的力量，否則會成了一盤散沙。

萃的錯卦，澤地成為山天䷙大畜，萃的時候，精神力量非常重要，有大畜，萃才能夠成功。

萃的卦辭：「萃，王假有廟，利見大人。亨，利貞。用大牲，吉。利有攸往。」

萃時領導者非常重要，他是精神力量的主導，堅守崗位，並能集結各行各路人才，故利見大人，亨。立場要明確，穩定，慎重，以重禮待人，使平行的人心可以堅固集結在一起，故用大牲，則吉，利有攸往。

萃的彖辭：「萃，聚也。順以說，剛中而應，故聚也。王假有廟，致孝享也。利見大人。亨，聚以正也。用大牲，吉，利有攸往，順天命也，觀其所聚，而天地萬物之情可見矣。」

萃，聚，能量很低。故宜順勢而為，但九五剛爻，主掌一切，雖低調，卻是精神的重心，故能聚。

王假有廟，致孝享也。領袖也是工具，集結力量的工具，故不可有私心，態度慎重，維持精神的傳承，是以需要大量人才協助，利見大人，亨。但聚必須以公正，不可為私慾，所以對人對事，宜以誠摯之心，此用大牲，吉也。

聚是有一定物理學的，這種物理學便是宇宙的秩序，了解聚的力量，天地萬物之情均在裡面了。

萃卦的象辭：「澤上於地，萃。君子以除戎器，戒不虞。」

不以力服人，不用武器，但要保持警覺，不可放鬆，小心審慎地觀察，這便是處萃之道了。

萃的開始，挫折必然很多，一切情形顯得混亂，需要慢慢調整，但不可強力而為，而要等時機自然成熟，要有信心、有耐心，才能逐步的聚。

「初六，有孚不終，乃亂乃萃，若號，一握為笑，勿恤，往无咎。」

不可急，亂中自有秩序，苦中多作樂，萃之道自在其中。內心要寬容，堅守立場，不可有私心，成功不必在己，全心全力即可。

「六二，引吉无咎，孚乃利用禴。」

禴者薄祭之典也，表示萃時一切要誠心要審慎，便可帶來吉運。

九四是萃卦的第一個剛爻，剛在柔位，能位雖不對，但積極奮戰，或躍在淵，无咎。

「九四，大吉无咎。」

小象表示大吉也衹能无咎，是位不當也。

萃卦的精神為王假有廟，九四能以勤王九五之心，積極向上，雖位不當，仍可大吉无咎。

九五是萃卦的主精神，王假有廟也。

「九五，萃有位，无咎。匪孚。元，永貞，悔亡。」

萃卦最重要是九五，以剛中應也，但萃是過程，自己也是工具，不宜有私心，故匪孚，面對不斷的變化，順其自然，永遠是股新能量，故元，永貞，无咎。

萃卦是相當辛苦的，經常做得要死，也被批評得一無是處，故要忍辱負重，才能完成萃的任務。

「上六，齎咨涕洟，无咎。」

萃卦要轉成升卦，才會有功，萃之道，衹能無過而已，懂得萃之道，仍是利有攸往的。

第八章

和戰之機

秦檜封相的第二天，為調和主戰派及主和派的均衡力量，宋高宗召見主戰派的兵部侍郎王庶，探討蔡、蜀地區的軍事情勢，當天授命王庶為兵部尚書，不久又出任樞密副使。

王庶是進士出身，但頗懂軍事，他和岳飛交情不錯，岳飛的參謀官李若虛，這時已調回臨安，王庶重用之，成為樞密行府的諮議參軍。

◆烏陵思謀出使宋國

紹興八年（一一三八）五月，去年底出使金國的宋國和議使者王倫回到了臨安。王倫曾面見金熙宗，表達了宋高宗議和的心意。

金國左副元帥撻懶也力主和議，於是派太原少尹烏陵思謀及太常少卿石慶前往臨安。高宗聞訊，喜出望外，特別將在淮上巡視軍情的王庶調回臨安，共商大事。

奉命接待金國使節的是吏部侍郎魏矼。

魏矼本身曾反對議和，他向秦檜表達自己不適任該職位，秦檜問他原因，魏矼表示：「敵情狡猾，不可輕信。」

秦檜反駁道：「公以智料敵，檜以誠待敵。」

魏矼強悍地表示：「祇恐敵不以誠待相公。」

秦檜不得已，改任給事中吳表臣為館伴使，升任為尚書兵部侍郎。

王庶回到臨安，也向高宗表達岳飛及韓世忠積極求戰的心意，他表示：「觀則人心思奮，皆願為陛下一戰，望陛下英斷而力行之。」

高宗默然不語。

王庶激動地說：「何不苦念父母之仇，不見宗廟之恥，不痛宮闈之辱，不恤百姓之冤，逆天違人以事夷狄乎！」

高宗也生氣地反駁：「先帝梓宮果有返朝，雖待二、三年，尚庶幾，惟皇太后春秋高，朕旦夕思念，欲早相見，所以不憚屈己，冀和議之速成也。」

秦檜見狀立刻上前打圓場：「屈己議和，此人主之孝也，見主卑屈，懷憤不平，人臣之忠！」秦檜講得有道理，主戰派也無法反對。但宋高宗卻覺得很窩心，眾大臣中，祇有秦檜了解他的心情。

烏陵思謀和宋國的談判，已不是第一次，相當有經驗，他深知宋國內部的矛盾，所以態度非常強悍，甚至要求宋國宰相要到館驛和他談判。

王庶自然非常反彈，他主張將烏陵思謀趕回去。秦檜則裝出一副顧全大局的模樣，他表示：「陛下不憚於屈己以議和，我等稍委屈亦何妨，惟願議和之成立，切不可因小失大！」

宰相趙鼎也表示不宜對烏陵思謀示弱，斷然要求烏陵思謀到部堂議事。宋國態度轉趨強硬，烏陵思謀才不得不屈服。當天他和石慶前往樞密府議事堂，由趙鼎、秦檜及王庶共同接見。

談判進行得並不順利，但高宗議和心意已決，最後宋國不得不接受金國割讓土地的請求。七月，再派遣王倫和金使到金國報告和議結果。出發前，趙鼎悄悄告訴王倫，「皇上登極既久，四見上帝，君臣之分已定，當宜遵守陛下之旨意。」

王倫也悄悄問割地的底線，趙鼎表示：「以黃河舊河為界，不能以新河清河為界。不然，就罷議。」

黃河舊河道，由山東入海，改道後，由江蘇北境入海，所以趙鼎堅持以舊河道為界。

◆鬥垮趙鼎，獨霸相位

在樞密院中，秦檜屬少數派。宰相趙鼎，雖不主戰，但也絕不是無條件投降之人。趙鼎個性剛直，態度嚴正，宋高宗尚畏懼他三分，何況又有積極主戰，拒絕議和的王庶，秦檜深感在樞密院中的無力感。他決定利用皇帝對自己的支持，分化趙鼎派的人事，以便能鬥垮趙鼎。

首先他拉攏了宗正少卿蕭振。蕭振本是趙鼎提拔的人才，但趙鼎過分剛正，也使蕭振深感不滿。秦檜先將蕭振引入御史台，並上疏彈劾趙鼎的得力助手劉大中。趙鼎本來深得高宗信任，最近卻也因議和一事，和高宗屢有爭執。殿中侍御史張戒，見蕭振彈劾劉大中，他上疏彈劾支持秦檜的給事中勾濤。

雙方的鬥爭，由枱面下到了枱面上，深受其擾的便是宋高宗本人。

秦檜面見高宗表示，議和正在關鍵階段，實在不容像趙鼎及張戒這樣的高官，採取和皇帝相反的立場，因為那將會使議和遭到更大困難。

親信人員一一被彈劾，趙鼎自然非常不滿，他主動向高宗提出了辭呈，高宗也接受秦檜建議，罷除了趙鼎的相位，封他為檢校少傅、奉國節度使、兩浙東路安撫制置大使，兼知紹興府。接到皇帝詔書，主戰派大為恐慌，兩邊的平衡喪失了，此後不是讓秦檜獨攬大權了嗎？

不久，張戒也被免職，這一次罷官長達十九年，直到秦檜下台，張戒才恢復官職。趙鼎也在罷相第二天，便離開了臨安，向宋高宗表現出主戰派的骨氣和決心。

◆胡銓仗義直言

樞密院編修官胡銓上疏，直言和議可能帶給國家更大的災難。

胡銓，廬陵（今江西吉安）人。編修官權位不算高，但胡銓一直以天下為己任，他無法容忍秦檜辱國的和議行為。

胡銓上疏直言，金使國書上以詔諭江南，是把南宋視為劉豫第二，他更直言表示：「陛下一屈膝，則祖宗社稷之靈盡污夷狄，祖宗數百年之赤子盡為左衽，朝廷宰執盡為陪臣，天下士大夫皆當裂冠毀冕變為胡服，屆時，豺狼無厭之求，安知不加我以無禮如劉豫也哉？」

胡銓在最後，表達其決心：「臣備員樞屬，義不與檜等共戴天……臣有赴東海而死耳，寧能處小朝廷求活耶？」

胡銓的疏奏，震動了整個朝廷，連宋高宗本人都有點驚慌失措，想不到朝臣反對議和的力量如此強大。

秦檜自然更難容忍胡銓所掀起的波瀾，他和孫近兩人連手，以退為進，向高宗提出辭呈，以免議和問題造成朝廷分裂。

高宗這時已經完全不能沒有秦檜了，因此下令任何官員不得違反議和的大政策，否則不但要罷官，而且要被流放。胡銓不久被流放昭州，由於朝臣營救，改監廣州鹽倉。同時被判流放的還包括監登聞鼓院的陳剛中，宜興進士吳師古等人。

紹興九年（一一三九）正月，南宋正式宣布和金國議和成功，雙方訂定條約如下：

一、宋對金稱臣。

二、宋國每年向金國貢納銀二十五萬兩，絹二十五萬匹。

三、金國歸還原屬劉豫統轄的河南及陝西等地。

四、金國歸還徽宗梓宮，韋太后及欽宗。

◆祭掃西京八陵

河南、陝西地區最敏感地方是包括原來的都城汴京及西京洛陽。汴京是北宋的首都，也是北宋的宗廟社稷之所在；而洛陽則是北宋各代皇帝陵墓之所在。這兩地都包括在這次金政權歸還南宋的地區之內。宋高宗一向以孝德自居，但和議成立的歡樂氣氛，卻使他忘了朝拜祖墳，追思祖宗之事。祕書省校書郎范如圭上疏提醒他，高宗才派判大宗正寺的趙士㒟和兵部侍郎張燾一同前往洛陽，拜祭西京八陵。由於汴京尚未完成退還手續，宗廟社稷的整頓上面先行擱置。

護衛兩人的工作，原本由岳飛親自負責，岳飛也非常積極表態要趁機了解敵軍情勢。秦檜則擔心岳飛節外生枝，力勸高宗不要讓岳飛親自參與，祇要派兵護衛即可。

北宋八陵都在洛陽，包括永安陵（趙匡胤之父），永昌陵（太祖）、永熙陵（太宗）、永定陵（真宗）、永昭陵（仁宗）、永厚陵（英宗）、永裕陵（神宗）、永泰陵（哲宗），但靖康年以來，這些皇陵已被嚴重破壞了。

祭掃八陵後，趙士㒟及張燾回朝報告皇陵被破壞的情形，朝廷大臣無不憤慨，表示對金國的同仇敵愾，高宗本人反而默然無語。

不過和議雖然完成，但執行上面仍充滿著變數。

歸還河南、陝西地區的決議，在金國內部便有強烈的不同意見。右副元帥金兀朮便對金熙宗表示：「撻懶及浦魯虎（完顏宗磐）的主張必有陰謀，請阻止宋使進入汴京。」

浦魯虎自認是太宗長子，行事跋扈，有意篡位自立，不久陰謀暴露，浦魯虎被殺。這件事也牽連到同是主張議和的撻懶，幸好撻懶地位尊崇，雖被懷疑參與陰謀，卻暫時傷不了他。

◆金國背盟入寇

金熙宗的立場至此又發生突變，連前往談判和議的王倫也遭到扣押。金熙宗派翰林待制耶律紹文審問王倫，想了解撻懶是否有參與政變陰謀。

王倫表示不知，耶律紹文不客氣地質問，既然宋國主動談和議，為何不許歲幣、反而要求割還土地？

王倫不慌不忙表示：「比蕭哲以國書來，許歸梓宮（徽宗靈寢）、太母及河南地，天下皆知上國尋海上之盟，與民休息，使人奉命通好兩國耳。」

但金國態度轉趨強硬，不但要求歲幣，而且要求宋國共用金國年號。

北方傳來變故，宋國朝臣紛紛上朝建議，積極備戰，韓世忠更表示應該趁金國內亂，先發制人，乘機出擊。秦檜勸高宗要識大體，這時更是宋國表示和議誠意的時候，不可把數年的努力，毀於一旦。

紹興十年（一一四〇）五月，金國出四路兵馬南下，聶呼貝勒攻打山東，右副元帥完顏杲（撒離喝）攻打陝西，驃騎大將軍李成攻打洛陽，金兀朮本人率隊攻打汴京，不久，南京（河南商丘）、洛陽、長安全部淪陷。

這下子，連秦檜都嚇了一跳，他立刻改變立場，向高宗建議積極準備抗金。

當初，不少朝臣主張復用張浚，但高宗不贊成，既然秦檜也主張應戰，便把這個任務委託給秦檜規劃了。

◆劉錡順昌大敗金軍

金國入侵的主戰場，仍在中線。

金兀朮的主力軍是最大的威脅，在這路上防守的軍團包括岳飛、張浚和劉錡的軍隊。東京副留守劉錡，帶領二萬人馬，進駐順昌。

由於兵力及武備嚴重不足，不少部將都建議退保江南，綽號夜叉的猛將許清挺身而出，表示：「太尉（劉錡曾官拜太尉）奉命副守汴京，軍士扶老攜幼而來，今避而走，易耳。然欲棄父母妻子則不忍；欲與偕行，則敵翼而攻，何所逃之？不如相與努力一戰，於死中求生也。」

劉錡深受感動，決心死守，背水一戰。

劉錡帶著家眷，一家大小全投入備戰的工作，民心士氣因而大振！

金國猛將韓常率隊進駐距離順昌僅三十里的向沙窩，劉錡精選一千名士卒組成突擊隊，趁夜色前往突擊韓常駐營。

韓常不敵，祇好率隊退去，三路都統葛王烏祿又率三萬人直接圍攻順昌。兵臨城下，祇見宋國軍旗迎風飄揚，卻不見一個人影，葛王烏祿以為韓錡使用「空城計」，一時間不知如何是好，金軍呆立在城門下。

突然間，城樓一聲梆響，萬箭齊飛，金軍毫無準備，死傷慘重，劉錡親自率步兵殺出，金軍大亂，劉錡大獲全勝，再回順昌城固守。

不久，金國軍隊又前進至二十里遠的東村，劉錡派部將閻充率五百名敢死隊，趁風雨交加的夜裡襲營，再度大敗金兵。劉錡更率隊趁勢掩殺，金軍大潰，損傷無數。

這時，金兀朮已率隊進駐汴京，聽到敗訊，大為生氣，親自率軍兵臨順昌城下。

由於金兀朮的主力軍多達十餘萬，高宗怕劉錡有失，乃下詔書要劉錡見好就收，準備撤軍。順昌知府陳規見了詔書，立刻和劉錡商議，劉錡表示誓死守城，絕不撤軍。

◆以少勝多，宋軍展示作戰力

劉錡出身軍人世家，父親當過瀘川軍節度使，劉錡外表斯文，打起戰來卻非常猛勇，尤其善於騎射，有百步穿楊的本事，為隴右都護時，數度和西夏大戰，西夏人聞之喪膽。

對朝廷的議和，劉錡痛心疾首，他認為軍人守土有責，祇有死戰，哪來和議？對即將到來的大決戰，劉錡雖沒有把握，但也絕不畏怯。

六月，金國大軍攻臨城下，劉錡軍在幾天前，已在附近的水源下毒，金軍不知，飲用後不少人中毒而死。

金兀朮親自在前線督軍，他將人馬完全渡過潁水，準備強攻順昌。

順昌城城門緊閉，不論金軍如何叫罵，就是按兵不動。中午過後，突然西門打開，統制趙撙及韓直衝鋒向前，逢金人便殺，金軍增加人馬，包圍韓直軍，想不到南門又衝出一隊敢死隊，使金軍的前鋒軍團秩序大亂。

金兀朮親自率隊前來，擺出了「拐子馬」的精銳騎兵。拐子馬身披鐵甲，頭帶鐵盔，三人為伍，每進一步，即用拒馬隨上，可進不可退，以示必死，又稱為「鐵浮圖」，採縱出左右翼方式，故稱拐子馬。

宋軍主力為步兵，面對拐子馬，作戰力便大受侷限，但劉錡對此早有準備，他命士兵每人都帶一個竹筒和一把大刀，竹筒裡裝滿煮豆，入陣後把竹筒投在地上，煮豆滿地皆是，竹筒也到處亂滾，金國的馬看到豆子便低頭搶食，馬腳又被竹筒限制住，施展不開，士兵趁勢舉大刀砍馬殺敵。

雙方格殺到中午，劉錡下令停戰，金軍也應允，雙方各入軍營，吃過飯後再行決一死戰。餐後，金兀朮親自騎白馬督陣，劉錡見狀，大聲疾呼宋軍全力向前，想要生擒金兀朮。

這突如其來的襲擊，金兀朮的親衛軍團大驚，祇好保護金兀朮後退，劉錡見金軍陣營鬆動，乘勢掩殺，金軍因而潰敗。

參與順昌決戰的宋軍大約祇有五千多人，竟在主戰場上大敗金軍主力數十萬大軍，金人死傷近三千人，消息傳開，震動了南方的高層。

這也是十五年來，金國大軍第一次的大敗仗。

祇是順昌一役，劉錡是違背詔書撤軍的指示，冒險一戰，雖然大勝，朝廷對這件事情並不高興，特別是秦檜更為不安，故僅授劉錡為武泰軍節度使，兼沿淮制置使。

但這次的勝利，讓宋國士氣大振，劉錡本想乘勝追擊，但朝廷不支持，反而要他班師，劉錡不願南撤，但也無力北征，祇能暫時固守在順昌城。

這時，在鄂州的岳飛軍團，在得知劉錡大獲全勝後，已蠢蠢欲動了。

〔陳文德說評〕決策總在危機時，關鍵時刻的心態也常是勝負之機，困難、風險、機會都在其中。《易經》第四十三卦夬，討論的便是關鍵時刻的決心。

夬音快，澤天䷪，澤在天上，即將氾濫成災。

一陰在五陽之上，內在剛健力量極強，唯一的陰爻，阻擋住陽剛之氣，有待決而去之。內剛強，外和悅，洪水力量即將潰堤而出，非好好渲洩一番不可了。

綜卦，天風䷫姤，邂逅也，關鍵時刻引誘特別多，時常因而更是猶豫不決。

錯卦為山地䷖剝，去掉唯一的自我，關鍵時刻不用想太多，順勢而為，是什麼結果都祇能接受。

夬卦的卦辭：「夬，揚于王庭。孚號有厲，告自邑。不利即戎，利有攸往。」

關鍵時刻，影響太大，故宜公開，讓大家都知道危險，不可隱瞞，以免彼此有太多的猜疑。所以決心要在朝廷上公開宣布，以堅定信心。態度嚴肅而認真，始能集中力量面對強力挑戰。反觀自己，不責於人，自己負責到底，故孚號有厲，告自邑。

不用爭吵，意見不同，盡量去溝通，等到大家立場都很清楚，取得最起碼的共識，祇對共識的問題作決定，其他可先暫時放下來，等待時機更為成熟。

夬卦的彖辭：「夬，決也，剛決柔也。健而說，決而和。揚于王庭，柔乘五剛也。孚號有厲，其危乃光也。告自邑，不利即戎，所尚乃窮也。利有攸往，剛長乃終也。」

夬者決斷也，五剛爻決掉上面的陰爻。內剛健為乾，外和順為柔，故健而說，雖說關鍵，仍宜和悅，不宜有大衝突。

陰柔以一乘五，於情於理皆不合，故宜決而去之，雖然有痛苦，也不得不決斷，但一切宜公開，揚於朝廷，不可耍陰謀，雖有危機，仍可渡得過，是孚號有厲，其危乃光也。

夬卦象辭：「澤上於天，夬。君子以施祿及下，居德剛則忌。」

夬，澤上於天，不得不決，但君子仍宜寬和，和順為懷，施恩於被決之人，不可得理不饒人，態度剛強，傲慢是為大忌。

夬卦的關鍵爻是九二及九五。

九二，內卦中爻，轉陽為陰，成為澤火䷰，革卦。

寬容的心，足以促成革變，使危機安然渡過。

「九二，惕號，莫夜有戎，勿恤。」

表達出決斷之心，即使爭吵到深夜，也放鬆不得，站穩立場，事情自己會改變。

九二象曰：「有戎勿恤，得中道也。」

九五爻變，外卦中爻，轉陽為陰，成為雷天䷡，大壯卦。

以退為進，聲望更增。

「九五，莧陸夬夬，中行无咎。」

莧陸，陰濕濕的野草，生命力極強，是以要一決再決，保持平常心，事情永遠處理不完，要有耐心，方可無過錯。

九五象曰：「中行无咎，中未光也。」

保持中行，仍祇能無過錯。夬卦壓力太強，就算決斷了，也不是最好的結果。事情總是一波未平，一波又起，就算做了正確的決斷，其實後面厭煩的事情還多得是。

第九章

岳飛北征

岳飛屯兵鄂州，每天嚴格組訓，所有士卒都要左右開弓，身披重甲，能衝陡坡，跳塹溝，視死如歸。紹興十年（一一四〇）五月，金軍背盟入寇，岳飛更是積極備戰，準備反攻。

順昌之役時，岳飛便密切注意局勢，並下令軍團，隨時可能投入戰場，支援劉錡。

岳飛派遣牛皋、王貴、董先、楊再興、孟邦傑、李寶等，分兵經略東西京、汝、鄭、潁、陳、曹、光、蔡諸郡，又命梁興渡河，集合河北忠義社民兵，積極準備北伐。

岳飛態度及企圖心極強，他不但堅守朝廷給他的守土任務，並準備由汴京北渡黃河，收復中原失土。

◆決心違背朝廷詔令

首先由牛皋率隊由鄭州進入京西路。牛皋長期在此活動，故對地理及民情相當熟悉，在小型的接觸戰中，牛皋首獲大勝，岳家軍的統領孫顯更大破金人的排蠻千戶於陳、蔡州界。

旗開得勝，岳飛決定親自北伐，他將主力軍推向德安府（今湖北安陸），擺好陣勢，為攻擊發起線。

這時朝廷派來李若虛傳達朝廷旨意。

李若虛本身是反對議和的主戰派，和岳飛交情不差，但他傳達的旨意卻是要岳飛按兵不動。順昌之役後，高宗及秦檜對於要戰要和拿不定主意，這時金兀朮直接寫信給秦檜，責備宋軍背盟開戰。

秦檜被罵得莫名其妙，明明開戰的是金國，現在卻把責任推給了宋國，並為金國的大量死傷，表達強烈的報復口氣。秦檜自然不願意和議破局，他祇能硬著頭皮和宋高宗商議。

雖然捷報頻傳，但如果全面開戰，宋國的作戰力還是不敵金國。因此，高宗決定讓將領以守土為責，切勿輕舉妄動，下詔岳飛退軍行在，楊沂中退軍鎮江，劉光世退軍池州，劉錡退軍太平。

司農少卿李若虛被派往鄂州，傳達聖旨。李若虛到達時，岳飛已離開了元帥府，李若虛再專程趕赴德安府，面見了岳飛。

岳飛對朝廷的決策，深表痛心，李若虛也感到左右為難，他勸告岳飛暫時不要輕舉妄動。但岳飛認為大軍已動，機不可失，錯此良機，上對不起列祖列宗，下對不起中原父老兄弟，決心違背皇帝詔命，繼續軍事上的動作。

岳飛慷慨激昂地說：「將在外，君命有所不受，何況皇帝早已將中興大計付以親札：『卿必已有所處，惟是機會，不可不乘。』成功失敗在此一舉，飛寧願肝腦塗地，亦不退軍。」

李若虛也慷慨表示：「事已如此，勢不可退，矯詔之罪，若虛當任之。」

他寧可殺頭或罷官，也會在精神上支持岳飛北伐。

◆秦檜掣肘

岳家軍的軍事行動一開始非常順利，不到半個月便席捲了京西一帶，大軍兵臨大河邊，完成了汴京外圍的肅清工作。情勢大好，軍心大振，光復汴京、活捉金兀朮、直搗黃龍似乎指日可得了。

但岳飛的臉上卻看不到得意之色，反而顯得有所擔憂。因為他察覺到自己被孤立了，同僚的軍團中，張俊和楊沂中都表示對岳家軍的北伐，並不熱心支持。

東線韓世忠軍團一直便困在海州（江蘇連雲港一帶），離商丘有千里之遙，根本談不上配合作戰。西線的吳璘、楊政和郭浩軍團，雖努力作戰，卻和敵軍陷於膠著。中線的張俊和劉錡部隊也忙著他們的防守區域，和岳家軍似乎搭配不上。

順昌之役時，張俊的軍隊姍姍來遲，等到他們派遣的王德軍團到達順昌時，金兀朮已經退兵而去了。

張俊軍團共有八萬多人，武備相當精良，富作戰力，祇是張俊統領軍團有如私產，根本不願配合其他的將領，故整體作戰力發揮不出來。當時南宋的軍團類似張俊想法的佔絕大多數，個別作戰力都不錯，卻似乎無法整合起來。

張俊最近也曾揮軍北上，連克了宿州和亳州，當地百姓歡騰起舞，以為光復了，想不到幾天後，張俊竟下令班師南撤，所有百姓父老看到大軍浩浩蕩蕩南下，無不失望落淚。

下達班師令的便是秦檜。張俊和他的部將因配合朝廷政策，放棄國土，反而全部高升，論功行賞。

中路的劉錡也好不到那裡去，順昌大勝後，劉錡奉命率領眷屬南撤，祇留一萬多人駐守順昌，根本無法對北用兵。

即使是鷹派大將，似乎也不敢違抗朝廷的旨意，對北伐行動均不熱中。岳家軍成為唯一違抗詔命的軍隊，雖然軍事行動非常成功，但孤軍深入，吉凶未卜。

就在這關鍵時刻，劉錡被調任鎮江，整個京西路的經略，包括順昌在內，全屬於岳飛鎮守的範圍。

接到這個任務，直讓岳飛哭笑不得。光復的失土，愈來愈多，兵力已經夠分散了，現在又接了原本劉錡的防區，作戰力如何整合得起來？

汴京會戰一觸即發，岳飛卻發現自己已是孤軍奮戰。所有的友軍主力全部南撤，這個仗如何打得下去？一不小心很可能會全軍覆沒。

朝廷主和派得勢，整個戰略布局全走了樣，岳飛這時才真正感受到何謂「明槍易躲，暗箭難防」了。

◆郾城大戰，岳家軍決一生死

金兀朮雖一再吃大敗仗，但這位身經百戰的將領毫不氣餒。他也看出了南宋各將領間的矛盾，決心要利用這個機會，一舉消滅岳家軍。

岳飛自然也料到金兀朮的想法，他雖派游擊部隊在潁昌和汴京一線突擊金軍，但重點兵力還是集結在潁昌和郾城附近，按兵不動，等待時機。

金兀朮準備大軍南下，對岳家軍展開包圍並殲滅之。對於金軍的想法，岳飛倒是胸有成竹，他對部將表示，這是一決生死的時機，我們要給金國最大的打擊，以免他們一直有侵犯我國的野心。

對岳飛的突擊部隊及不停的叫罵，金兀朮火冒三丈，他派遣龍虎大王突合速，蓋天大王賽里（完顏宗賢）及昭武大將軍韓常等率領一萬五千名精銳騎兵，直襲岳飛的總部——郾城。

岳飛派出自己的兒子，二十二歲的岳雲為先鋒，率領輕騎兵迎戰。

雙方在郾城北方二十里處，展開接觸戰，岳雲一馬當先，完全豁出去了。由於金人一向擅長原野騎兵作戰，這一次激戰對宋軍看來似乎非常不利。

但岳雲初生之犢不畏虎，身中數槍仍揮動兩柄鐵錘，勇往直前，使岳家軍士氣大振，短期間，金軍似乎難以取得優勢。

金兀朮見狀，又派出了殺傷力極強的拐子馬，試圖壓制岳雲的銳氣。但岳家軍也早有準備，他們手持用麻繩紮好的長竿砍刀、大斧紛紛上陣。大約鏖戰一個時辰，由下午打到黃昏，雙方不分勝負。

這時岳飛本人也到達戰場，不顧部將反對，他率領四十騎近衛騎兵親自上陣。

主帥親自衝鋒，岳家軍士氣大振，金軍不敵，終於發出撤退令，丟下了兩百多匹的戰馬。岳家軍在這一次會戰中，雖然辛苦，但仍大獲全勝。

◆金人反撲，仍然不敵

岳飛深知金人一定不會善罷甘休，這兩天激戰將不可免，因此他下令全軍嚴陣以待。兩天後的傍晚，金軍便有一千名騎兵佔領了郾城北方的五里店，後面更有滾滾黃塵，也不知金軍來了多少兵馬。

岳飛當機立斷，自己披掛上陣，並讓王剛率五十名騎兵敢死隊在前，先給敵軍一個下馬威。王剛對一千名騎兵的金軍展開突擊，很幸運地在第一時間便殺死了率隊前來的主將——阿李朵孛堇，導致金軍陷入群龍無首，大敗而去。

金軍在郾城接連兩次大敗，對士氣打擊極大。金人一向擅長原野作戰，又有精銳的「拐子馬」助陣，這一仗是不可能失敗的！

但岳家軍卻打破了這個神話，他們直接攻堅，向金軍最感驕傲的「拐子馬」戰術挑戰。這次的大敗，金兀朮怎麼也無法理解。

率領殘餘部隊退回汴京，金兀朮不得不跟部屬表示：「撼山易，撼岳家軍難啊！」

這次連宋高宗都感到非常高興，自己最大的夢魘便是被金兀朮的拐子馬追著跑，想不到岳家軍替他出了這口惡氣，或許不利於日後的議和，但戰勝的消息傳來，趙構顯得龍心大悅，快樂之情溢於言表。

◆決戰朱仙鎮

朱仙鎮在今河南省開封西南四十五里處，是由南方進攻汴京城的軍家必爭重鎮，也是汴京城西南最重要的門戶。

郾城大捷的第三天，岳飛親自下令向汴京進軍。由張憲、徐慶、李山、傅選、寇成等統制領各自人馬，分路向東北出發。這時卻接到朝廷詔書，要求岳家軍班師回朝。

原來是秦檜眼見岳飛一再獲勝，勢必影響和議政策，因此要求高宗下令停火。高宗也擔心雙方的決裂加深，所以同意秦檜建議，要求岳家軍暫時停止軍事行動。

岳飛接到詔書，火冒三丈，他很想歸隱山野，不再過問國事了，但抗金是民族大業，小不忍則亂大謀，他立刻向高宗上了一道「乞止班師詔奏略」，言明自己心志。

> 金虜重兵盡聚東京，屢經敗衄，銳氣沮喪，內外震駭，聞之諜者，虜欲棄其輜重，

疾走渡河，況今豪傑向風，士卒用命，天時人事，強弱已見，功及垂成，時不再來，機難輕失！

岳飛決心違抗詔書，繼續向汴京推進。

金兀朮聽說岳家軍準備直攻朱仙鎮，大為吃驚，此鎮不保，汴京自然不守，於是他派遣十萬大軍，先行佔領朱仙鎮各要道，準備和岳飛正面對壘。

岳飛親自來到最前線，他選出精銳的五百名敢死隊為先鋒，死命地向金軍陣營衝殺。金軍已懾於岳家軍的聲勢，一開始便陷入混亂。岳飛見狀，大吼一聲，一馬當先率大隊掩殺過去。金兀朮在陣中也擋不住金軍的頹勢，衹好向後撤退。岳家軍乘勢追殺，雙方強弱立見。金兀朮沒命地撤退，才發現自己的兵馬已流失了十分之八七。包括大將烏陵思謀、王鎮等都因逃走不及，不得不向岳家軍投降。

金兀朮聽到部屬變節，也衹能無奈地表示：「人各有志，隨他去吧！」

朱仙鎮失陷，汴京一定會陷入包圍中，金兀朮衡量局勢，決定連夜撤軍，以免金軍被岳飛擊潰。

◆金字牌召回岳少保

就在緊要關頭，金兀朮接獲情報，這一次岳家軍非班師不可了。

朱仙鎮捷報傳來，連臨安的南宋朝廷都震動了。汴京光復，岳飛功高震主，聲望足以成為當代領導者，宋高宗那有存在的條件。

表面上慶功歡欣，其實高宗心中非常不安，岳飛以五百名精銳大破金兀朮的十萬大軍，這是古今中外都不可能發生的事，何況金兀朮也是一員公認的猛將，岳飛神勇讓高宗都感到害怕。

在秦檜的建議下，高宗決定動用金字牌。

金字牌是一尺長的朱漆木牌，上面寫有金字「御前文字，不得入舖」八字，用馬匹接力方式，日行五百里，中間不得入舖休息，也就是皇帝的急件限時專送。

高宗十萬火急地一次便派出了十二道金牌，按二連三地要求岳飛一定要班師。朱仙鎮大捷，岳飛已準備直攻汴京，並準備北渡黃河進軍中原。

想起當年宗澤臨死前大叫：「渡河！渡河！」岳飛不禁熱淚盈眶，眼看老元帥的心志，要在自己手中完成了。

這時候卻接到朝廷緊急送到的金字牌。

岳飛傻住了，這次的詔命是不可違抗的，違抗金牌是叛國的行為，何況北征中原，大匹的糧秣補給仍有賴後方供應，自己想勉為其難也是不可能的。

岳飛冷汗和熱淚直流，即使用兵如神，勇氣超人的大將，這時也像洩了氣的皮球，幾乎全身癱瘓了。十二道金牌，他感覺到皇帝對自己的痛恨了。眼看汴京城就在眼前，自己卻不得不下令班師。

「十年之功，廢於一旦！」

岳飛仰天長嘯，仍不得不向部將宣布，班師南撤。兵至蔡州，很多百姓集合在岳飛營前，要求留住大軍。岳飛熱淚滿面，不得不當眾宣布「大軍不能留，願從我去者，速即整裝，我當待得五天！」大批人馬，包括大量軍民，在五天後，一起向襄漢地區撤退。

◆北伐成果，煙消雲散

岳飛主力軍團南撤，留下的兵力不足以守土，祇是掩護後撤的軍民而已。不久，鄭州便再度失陷，鎮守西京的軍隊也節節敗退，連汝州鎮守郭青、郭選兄弟也宣布棄守了。

金兀朮軍勢大振，立刻攻城掠地，奪回了岳飛北征所喪失的大部土地，不久淮寧府便遭到包圍。雖然守軍奮力作戰，仍不敵金軍優勢兵力，包括留守的岳家軍部分軍隊，全部為國殉難了。

到達臨安時，岳飛才接到京西路重新失陷的軍情，雖是意料中事，還是不免氣憤填膺。他向部屬表示：「所得州郡，一朝全休！社稷江山，難以中興！乾坤世界，無由再復！」自己這個掛名元帥，根本已無力回天，岳飛決心返回臨安後，便辭去軍職，不過問世事。

高宗以為岳飛辭職衹是氣話，認為衹要承認北伐的功勞，便可挽住岳飛的心，於是包括岳雲等部將因戰功擢升為都防禦使。

不料岳飛還是堅決辭去少保官職，並表示願意解除兵權，回廬山為亡母守孝。

高宗對岳飛的態度固然不滿，但國家正需才孔急，和金國的對抗還未終結，失去岳飛勢必嚴重影響軍心士氣，可能引發其他重要將領的骨牌效應。

「未有息戈之期，而有告老之請。雖卿所志，固嘗在於山林；而臣事君，可遽忘於王室？所請宜不允。」在高宗苦勸下，岳飛也衹有拜謝，朝覲之後，便率隊退回鄂州的大本營，暫時休息。

南宋唯一一次可能恢復失土的北伐戰事，到此完全畫下了句點。

〔陳文德說評〕戰爭任何人都不喜歡，但自有人類歷史以來，戰爭卻從來沒有停止過，地球上總有地方有人在打仗，有輸有贏，也各有損傷。

西方《戰爭論》作者克勞塞維茲（Carl von Clausewitz, 1780-1831）甚至主張戰爭是人類生活的常態，和平祇是戰爭的延伸，準備期而已。暫且不去討論戰爭的弊害或道德的問題，面對這從未停止的現象，我們至少應該了解它的本質意義是什麼。

《易經》第七卦師，討論的便是戰爭的問題。

地水䷆師，勞師動眾者——戰爭也。

外卦和順，內卦艱辛，地水師。戰爭是件艱困的工作，主帥更宜保持安靜，也就是戰場上不動如山的真功夫。

師的綜卦是水地䷇比，水流地上，相比而動。戰爭靠士氣，士氣在心，治力不如治心，心團結一致，這個戰爭才能打得順利。

錯卦為天火䷌同人，同人是能凝聚眾人的人，打仗時領導者的魅力最為重要，這種現場的爆發力，常是勝負的關鍵。

岳飛最成功之處便在這裡，現場的領導魅力，這是一般人無法模倣的。

師卦，排列第七，卦辭為：「師，貞，丈人吉，无咎。」

戰爭沒有僥倖，不論出師之名或實力都要正確，故貞。丈人是長老之意，有實際經驗，作事審慎，臨事以懼，好謀以成者也。

兵者，凶器也，不得已而用之，故全卦以陰爻為主，積極性不宜太強。丈人吉，也僅能无咎而已。

師卦彖辭：「師，眾也；貞，正也。能以眾正，可以王矣。剛中而應，行險而順，以此毒天下，而民從之，吉又何咎也。」

出師以名，態度是公正，不為私人權位，而是一切正道，領導大家正，不是嘴巴講「正」，而是行為要正，合乎大多數人的需要。內心剛正，九二內卦中爻為剛，故以剛中也。其餘均屬陰爻，上卦為坤，故行陰而順。

作戰的態度要正確，才有力量，大家願意跟從，就算凶器也不會有太大過錯。岳家軍能不斷以少勝多，以寡搏眾，而取得全勝，這是重要的關鍵。

師卦的象辭：「地中有水，師。君子以容民畜眾。」

包容乃大，堅持但不能狹小，要在大道上堅持，全體利益上堅持，不是在權位上堅持，故重點是容民而畜眾，才是師卦的真義。

師卦的主精神是唯一陽爻的九二。

「九二，在師中，吉，无咎，王三錫命。」

僅守內心的剛強就可以了，剛中者吉，无咎。

關鍵字「王三錫命」，主帥不宜太積極，君王再三授權而後才有行動，將在外，君命有所不受，主帥更需取得君王完全的信任，否則會產生問題。

岳飛北伐，最後功敗垂成，未取得宋高宗完全信任，便是最主要的原因。

師卦其他陰爻，爻辭幾乎都不好，即便較好的六五及上六，也不過中等而已。

師卦最主要的精神小心審慎，也在於此。

第四篇 政治鬥爭

匹馬吳江誰著鞭，惟公攘臂獨爭先。
張皇貔虎三千士，搘柱乾坤十六年。
堪憫臨淄功未就，不知鍾室事何緣。
石頭城下聽輿論，萬姓顰眉亦可憐！

——宋・胡銓・弔岳飛詩

第十章

淮西戰鼓

紹興十一年（一一四一）正月，諜報金兵分道渡淮，岳飛再度上疏，請合諸帥之兵破敵，主張對金國採強硬態度。

去年的戰事，金兀朮保住了汴梁，信心大增，年底，便積極動員，準備大軍攻打壽春。壽春是張俊的防區，但軍情緊急，岳飛主動要求馳援。

由於剛過完年節，朝廷還在休假，這個奏章竟被秦檜壓了下來，宋高宗並未看到。

不久，便傳來金軍攻破壽春的消息，張俊的屬下雷仲棄城逃走。

宋高宗大吃一驚，連夜傳詔淮北宣撫使劉錡自太平渡江以援淮西，淮西宣撫使張俊在京城述職，即日趕回建康拒敵，又派殿前指揮使兼淮北宣撫使的楊沂中，率領三萬禁衛軍，由臨安直赴淮西前線。

◆岳家軍義援淮西戰役

金兀朮的軍隊由壽春南下，連破合淝、含山、歷陽，前鋒軍隊已臨長江北岸。金國南下的大軍，動員高達十三萬人，主戰部隊便有八萬之多。

不過，宋軍的三個大軍團，人數也在七、八萬之間。祇是三大軍團主帥各自作戰，兵力不曾集結，根本無法發揮打擊力。

張俊自認資格最老，但劉錡卻不聽他節制；楊沂中自認屬客軍，不必太主動。因此戰局一開始便呈現膠著。

反而是鄂州的岳飛最積極，不但主動請纓出陣，而且建議自己從蘄州（湖北省）渡江，再由北南下，和淮西諸將共同夾擊金軍的先鋒部隊。

這個戰術相當巧妙，但高宗卻很難接受。臨安已受威脅，不全力保護京城，卻要長驅京洛（汴京和洛陽），顯然不把皇朝的安全置於首要之務。

高宗認為岳飛的戰術太貪功，把恢復失土放在第一要務，而不予同意。

但岳飛再上奏章表示，自己冒險切斷敵人後路，是徹底消除金軍南侵的唯一方法，高宗才勉為其難同意所請。

其實這段期間，岳飛正在生病，他仍帶病整裝出兵，要和金人一決生死。他抱著病體，親率八千鐵騎部隊出發，部將們雖然不捨，但岳飛堅持自己帶隊，令將士們非常感動，士氣大振。

由鄂州到舒州有一千多里，岳飛火速進軍，很快便投入了戰場。

◆張俊患得患失

這場戰爭宋軍的主將是淮西宣撫使張俊。

這個張俊並不是當年鷹派主將、曾任宰輔的張浚，兩人亦沒有任何關係。

張俊是鳳翔人（陝西），在當時和韓世忠、岳飛並稱為南宋三大將領之一。靖康年間，金人圍攻汴梁，趙構出任兵馬大元帥，張俊跟隨信德守臣梁揚祖勤王，由於張俊外表雄偉英挺，作戰英勇，深得趙構重用，以後一直跟隨旁邊，樹立了不少戰功。

但隨著兵權和地位提升，張俊反而顯得患得患失了。張俊很吝嗇，不論軍用或糧秣使用都很儉省，他一向很關心自己軍隊的作戰力是否遭到損傷。

金兀朮大軍到達長江北岸，張俊自然也在南岸擺出了重兵。但卻不主動出擊。

部屬王德強烈反對，他認為淮河是長江的前哨，不可棄守，應主動佔領淮河，以蔽護長江。張俊有些猶疑，但王德一再鼓動，張俊終於答應發兵渡江。

王德軍到達和州時（安徽和縣），和州已經失陷，王德下令猛攻，金人棄城而走，王德順利奪回和州。不久，張俊的主力軍也進入和州。

金兀朮主力在昭關，他雖派兵打算收復和州，但反而為宋軍所敗，不久含山及昭關也棄守了，宋軍在接觸戰中取得優勢。

這時劉錡也由太平渡江北上，和張俊、楊沂中的部隊會師，三方面共同議商進攻廬州。

◆柘皋大戰，宋軍再度獲勝

金兀朮帶十萬大軍進駐柘皋（今安徽巢湖市西北），準備利用平原地形和宋軍作騎兵決戰。劉錡親率大軍到達柘皋，和金軍在石梁河對陣。石梁河進巢湖，寬約二丈，劉錡下令兵士架便橋，一天完成，再命兵士緊守便橋，等待王德和楊沂中大軍到來。

天一亮，楊沂中、王德、田師中等人的部隊均到達，卻不見張俊的影子。

王德及田師中非常氣憤，主張先行進攻。劉錡也判斷張俊可能不來了，在不影響士氣下，下令率隊出發，大夥跟著一起行動。

金兀朮以十萬鐵騎分左右兩翼進攻，聲勢淩人。

王德絲毫不畏懼，向劉錡請纓攻擊敵人較堅強的右翼，準備一決生死。

宋軍回擊力量猛烈，金兀朮再度派出拐子馬。

楊沂中部隊拿掃長刀，專攻馬腿，頓時金軍鐵騎大亂，主力潰散敗退。

劉錡、王德乘機掩殺，金軍大敗，死傷萬餘人。

金兀朮率軍退保東山。

劉錡見到王德作戰的英勇，不禁讚道：「昔聞公威略如神，今果見之，請以兄禮事之」。

王德外號王夜叉，一向以猛勇見稱，連劉錡都為之心動。

柘皋會戰後，金軍實力大挫，金兀朮不得不棄守廬州。

◆濠州失利，張俊顏面盡失

這時候張俊已到達前線，他以主人身分召集劉錡和楊沂中飲宴商議軍事大計。

張俊對劉錡說：「劉太尉辛苦了，如今淮上已保住，太尉可先班師，由我和楊太尉躍兵淮上，安撫淮縣之民，我由宣化歸金陵，楊太尉由瓜州還臨安。」

劉錡知道張俊搶功，但也不便表示什麼，祇得率領自家兵馬歸太平。

這時岳飛的軍隊也已到達廬州，張俊寫信告訴他，金人已退，戰事結束了。岳飛二話不說，率軍退回舒州，並向朝廷上疏，請決定岳家軍的進止。

就在張俊認為戰事結束之際，又聽說金軍大兵圍攻濠州，張俊大驚，立刻派人召回撤退中的劉錡軍團。

濠州守兵不過千餘人，金軍以數萬之眾圍攻之。守將王進雖奮力抵抗，仍不敵，城陷被俘。

張俊率楊沂中、劉錡大軍到達時，濠州已經失陷。楊沂中主張攻城，劉錡則力主暫採包圍之勢，看金軍如何反應。

不久，前哨人員回報，大軍一到，金人已主動撤兵。

張俊便派出王德及楊沂中，先率兩千人馬進入濠州，準備耀武揚威一番。

但楊沂中和王德的先遣部隊一到濠州，卻不知哪來一片烏鴉鴉的金兵，由四面八方包圍過來。楊沂中做戰經驗不足，被打敗，王德也率軍而逃，僅以身免。

◆劉錡、張俊正式決裂

濠州失利時，劉錡的軍隊已撤退至藕塘。

天剛亮，便見到張俊狼狽地逃入營區，慌張地說：「敵軍已近，怎麼辦？」

劉錡回答：「不妨，我會派兵抵擋。」

部屬們表示：「兩大帥都已敗逃，剩下我軍，如何獨力擋得住眾多敵軍。」

劉錡鼓勵大家：「順昌孤城，我們都可以取勝，何況我們目前擁有地利，而且作戰力仍屬完整。」

不久，又傳來張俊訊息，前面的情報錯了，接近的是友軍，並非敵軍。

劉錡於是下令全軍向前推進。

突然聽說前鋒軍遭人搶劫，但抓到的劫營士卒中，卻證明是張俊的部屬。

劉錡大怒，要求嚴辦。

張俊則親自前來要人，並表示是劉錡的誤會。

劉錡正色說：「劉錡為國家將帥，有任何錯誤，宣撫宜向朝廷申訴，不宜到營中爭執。」

張俊深覺沒有面子，頭也不回，飛馬而去。

從此以後，張俊對劉錡記恨在心，認為比資歷，劉錡還不及他，竟如此驕奢無禮，真是不知天高地厚的後生小輩。

◆韓世忠兵援淮西

濠州失利，淮西戰場祇剩下劉錡的兵力獨撐大局。兵敗消息傳到臨安，高宗立刻派人傳信給京東、淮東宣撫使韓世忠軍隊前來救援。

韓世忠趕到濠州，正好楊沂中及王德的敗軍撤退到淮河邊，韓世忠下令加以收編，並在淮河邊和金軍對峙。

韓世忠準備趁夜色突擊金軍，這時候卻得到情報，金人在赤龍洲伐木，欲阻斷韓世忠後路。韓世忠立刻下令撤軍，全軍且戰且走，安全地撤退到濠州，重行布防。

在鄂州的岳飛聽到張俊軍大敗，韓世忠也不能取勝，心中大怒，決定投入自己的一萬兵力進入濠州戰場。

金人聽說岳家軍來了，倒很識相地主動撤軍了。

但這卻也是岳飛最後一次軍援淮西的軍事行動，從此再也看不到岳家軍衝鋒陷陣的身影了。

◆軍隊中暗潮洶湧

淮西戰事，宋軍先勝後敗，主要在軍團中間將領的矛盾，柘臯戰役，張俊將自己和楊沂中並為主要功勞者，濠州失利則是無法避免的戰術錯誤。

張俊指責劉錡作戰不力，岳飛逗留不前，使宋國兵力無法做最大的發揮。他深知岳飛和高宗之間的矛盾，於是惡人先告狀，表示岳飛因心有不滿，未全力投入戰場。岳飛、韓世忠、劉錡也是最強硬的鷹派代表，自然深為高宗身旁主和派人士的厭惡，特別是秦檜對這三人恨之入骨，自然有意拉攏他們的共同敵人，原來同屬鷹派的張俊。

淮西戰役，也使張俊和岳飛、韓世忠、劉錡三人有強烈的心結。

由於張俊生性貪財，因此常有不少彈劾案，控訴張俊侵佔良田，大興土木，與民爭利。高宗以此詢問秦檜，秦檜總說：「身為大將，購置田產，實為子孫計謀後福，無二心，忠臣也。」

高宗認為有理，大將奢侈享受，更表現出無其他野心，對皇帝而言更是安全。南宋諸將中，就數岳飛最為廉潔，也最不聽話，對皇帝威脅也最大。其他劉光世、張俊、韓世忠、吳玠、楊沂中等都購置田產到巨億，而且生活上也很重視享受。

韓世忠被稱為清官，其實數十年軍旅奮鬥，加上夫人梁紅玉擅於理財，早就家財萬貫。他曾向宋高宗要求三萬六千貫購買臨江軍新淦縣沒官田莊。高宗乾脆做順水人情全送給了他，並碣石為「旌忠莊」，表彰他的忠心和清廉。

其中真正清廉，不置田產的祇有岳飛。岳飛無欲則剛，連皇帝也不買帳，一切為國家，為萬民，這樣不愛錢，不惜命的個性，也是註定日後鑄成千古悲劇的主因。

張俊生活最為奢靡，除了居住的官邸豪華得嚇人，生活中歌舞昇平，家中僮僕奴婢之多，讓人側目。

宋高宗便曾用唐朝的「郭子儀」聲勢直逼朝廷來譏諷他，要求張俊收歛一些。

不過，宋朝的傳統，宋太祖趙匡胤早期杯酒釋兵權，便建議將領多置田產、享清福、不要爭權，所以南宋將領個個貪財而好享受，在朝廷並不認為有何奇怪。

反倒是岳飛成了異類。這位民族英雄生活非常簡單，常常自己擔任最下人的勞苦工作，他的生活習性及作風，和南宋將領們格格不入，一直被孤立著。

◆議和之說再起

金國最強硬的鷹派，便是南征元帥金兀朮。金兀朮自許善戰，早年最讓他頭痛的是岳飛及韓世忠。

但淮西戰役，岳家軍和韓家軍均未出戰，金兀朮還是被打得大敗。最後的濠州之役雖爭回了面子，又以巧智逼退了韓世忠，但當岳家軍前來馳援時，金軍還是倉皇退走。

他們對岳飛是又怕又恨，卻又無可奈何。

現實的考量下，最近連金兀朮也認為金國可能無法用武力消滅南宋，如果再像這樣打下去，損傷自己戰力，最後勢必兩敗俱傷。

紹興八年以後，雙方戰事轉劇，和談早被丟於腦後，如果不是秦檜自我節制，一直力勸高宗不要太相信武力，金宋間的全面大戰可能早不能免。

對金國態度軟化，最為高興的自然便是秦檜，議和正是他唯一可以爭回朝廷主導權的機會。秦檜已不祗一次地向宋高宗表示，軍權高漲後，全國軍民都把焦點放在軍隊，有張家軍，有韓家軍，有岳家軍，有劉家軍，兵士眼中也祗有大將，漸漸不再有皇上了。

宋高宗也體會到這個危機，特別是什麼帳都不買的岳家軍，更是讓高宗感到毛骨悚然。秦檜建議，既然金國也傾向議和，何不再來一次杯酒釋兵權。

高宗也表示同意，便召回張俊、岳飛、韓世忠三大將領，準備論功行賞後，軍權重新洗牌。張俊和韓世忠離京城較近，很快便到達了，岳飛遠在鄂州，需要一段時日。

◆明升暗降，解除兵權

紹興十一年（一一四一）四月，由秦檜主持，在西子湖召開御前軍事會議。

春天的西子湖相當秀麗，風光明媚，景色宜人。

但與會者個個心事重重，面色凝重，根本無心欣賞。秦檜雖掌有絕對主導權，但三大將領兵權在握，如果逼得太緊，可能連皇帝老子也壓不住的。

特別是岳飛臨場爆發力極強，不知會惹出怎麼樣的麻煩來。

由於岳飛七天後才能到來，因此開始祇是一路飲酒作樂，未觸及國家大事。

不久，岳飛到達了，他仍和以往一樣，精神飽滿，神情嚴肅，不苟言笑。

當晚，便召開論功行賞的會議，由宰相秦檜主持。

首先慶功，秦檜盛讚柘皋大捷的戰功，岳飛及韓世忠面無表情，把酒一飲而盡。張俊倒有話要講，秦檜也恭敬地請他發言。

張俊表示：「將領能有戰功，在朝廷的支持和糧秣作業的完整，更是皇帝的宏福，將士們稱不上什麼功勞。」

這番話自然讓秦檜非常高興，急忙稱謝。

對岳飛的冷漠，秦檜最為不滿。在岳飛到達臨安的當天，秦檜以朝廷名義，將岳飛首席參謀官朱芾，調任鎮江知府。岳飛的前參議官李若虛也調往其他軍團。

這兩人原本是朝廷安置在岳家軍的眼線，但兩人欽佩岳飛人格，拒絕為朝廷作間細，因此秦檜對此兩人恨之入骨。

宴會進行一半，由於岳飛、韓世忠反應冷淡，熱度炒不起來，秦檜突然站了起來，大聲宣布

韓世忠、張俊、岳飛聽旨。

三人也立刻離開座位接旨。

皇帝旨意，韓世忠、張俊升為樞密使，岳飛為樞密副使，位階都在參知政事之上，同時兵權收回朝廷，統一指揮調度，勿分彼此。

三人謝恩後，宴會便宣告結束。

表面上，三個人得到擢升，但實際上已不再擁有軍事管轄權了。

〔陳文德說評〕天下無不散的宴席，權力愈大，其實愈是危險。NO. 2不好當，太正直，得罪人；太鄉愿，又被批評為日立冷氣機無聲——靜悄悄。

但權力的起伏有一定的物理原理，爬得高，跌得重，這便是《易經》中剝的道理和智慧了。

山地䷖剝，《易經》第二十三卦，山在平地上，一陽在五陰之上，完全沒有支撐，自然剝落了，是為剝。

剝的綜卦是地雷䷗復，舊的不去，新的不來，陰極陽生，剝了以後，才有重新恢復之勢。

剝的錯卦是澤天䷪夬，剝掉最後一陽，死裡求生，斬斷僅存的生機，使之重現，這的確需要決心，是以剝、夬相錯。

剝卦的卦辭：「剝，不利有攸往。」

能量在繼續消失中，內柔外剛，積極不得，故不利有攸往。

剝卦的彖辭：「剝，剝也，柔變剛也。不利有攸往，小人長也。順而止之，觀象也。君子尚消息盈虛，天行也。」

這便是處剝的智慧了。

內柔順——坤，進入外卦為剛止——山，故柔變剛也，能量降低，進入停止狀態，故不利有攸往。

最後一陽消失，陰能繼續伸展，是以小人長也。

以卦象而言，內順外止，故順而止之，無可奈何。

剝卦陰極，復卦陽生，這是宇宙物理現象，一切不得不發生，一消一息，一盈一虛，天道也，君子細心體認天理，便可有處剝的智慧了。

剝卦象辭曰：「山附于地，剝；上以厚下安宅。」

剝時，必有傷害，領導人基於「天理」，不得不剝，故宜儘量給予補償，是以厚下安宅也。

剝卦是不得已的傷害，所以動爻幾乎都不利。

比較無害的是六三，六三轉陽，剝卦成艮卦䷳。

「六三，剝之，无咎。」

象曰：「剝之无咎，失上下也。」

六三介乎內外卦之間，面臨剝卦，卻僥倖避免，故宜剝之，讓其死心，反而使生機重現。

剝六三，等於徹底改變內外卦，上下卦之關係，故失上下也。

六五爻變，剝卦成為風地䷓觀。

五爻是卦的主爻，面臨剝卦更應該靜心觀照。

「六五，貫魚以宮人寵，无不利。」

象曰：「以宮人寵，終无尤也。」

對退休的人，要尊崇，他們雖然不得不被剝，但仍有他們的經驗及實力，如果能寵愛他們，讓他們奉獻出最後的智慧，自然是無不利。

這些人最重要是自我價值的認同，可以受到尊崇，自然就不會有任何埋怨或反彈了。

剝卦上九爻變，唯一的陽爻轉陰，全卦成為坤䷁——全陰之卦，一切重行開始。

「上九，碩果不食。君子得輿，小人剝廬。」

象曰：「君子得輿，民所載也。小人剝廬，終不可用也。」

剝下來後，每個人都是平等的，一切重頭開始。

退下來的人，不再求自己的利益，一切都祇為服務，體會生命的最後價值。

君子退休以後，反而更有用了，小人退休以後，想用也用不上了。

剝有時是不得已的，剝後再用的智慧更為重要，如果能正確判斷賢愚，剝了反而是進入另一個境界了。

三大將軍權被剝奪了，有時的確有其必要，但剝了之後，怎樣使三人的實力及智慧有新的展現，是高宗趙構最重要的家庭作業了。

第十一章

陷害忠良

岳飛是南宋各大將領中，年紀最輕，資歷最淺的一位。

他比張俊小十七歲，比韓世忠小十四歲，韓世忠及張俊出任節度使時，岳飛不過是位低品的裨將。

他由行伍出身，屢建戰功，三十歲左右便成為一位軍團將領了。張俊開始時，很欣賞岳飛，他曾對部屬表示，「岳觀察之勇略，吾與汝曹皆不及也。」申報戰功時，也常以岳飛為第一。

但岳飛後來居上，十幾年不到，已與張俊、韓世忠二人平起平坐，這讓兩人內心很不是滋味。

不過岳飛並未居功自傲，對兩位前輩仍殷勤致意，不但經常寫信向前輩請益，而且在鎮壓楊么後，奉送兩人裝備齊全的大樓船各一艘。

韓世忠感其誠意，盡棄前嫌，兩人握手言歡，互相尊敬。

但心胸狹小的張俊，卻認為岳飛炫耀戰功，反而更為猜忌。

看在秦檜的眼中，這三人的關係及變化，無疑也給他有可乘之機。

◆狡兔死，走狗烹

西湖夜宴後，秦檜派出眼線，嚴密監視三人的動態。

據報韓世忠在樞密院上班，特別作了一條一字巾，隨時綁在頭上，卻一副悠閒的樣子，不太管事，不過出入的衛兵卻增加不少，顯示韓大元帥對朝廷非常不滿，但態度低調，並對自己的安全做了非常嚴密的防衛。

岳飛則常服裝不整，敞開衣襟出入，明顯在向人表達：「我岳飛一心為國，問心無愧。」

張俊則顯得安份，完全接受朝廷安排，祇要有錢，其他一切好談。

不久，朝廷宣布撤除淮東、淮西、京湖三個宣撫司，三大將領的統帥部全部解散，名義上「遇出師臨時取旨」，實際上是切斷了三大將和原部屬間的聯繫，把指揮權直屬於軍團裨將。三宣撫司統制官以下，都冠上「御前」二字，直接聽候三省及樞密院取旨調動。

接著，又提拔了胡紡、吳彥璋、曾慥為統領官，由三人分別在楚州、建康、鄂州重新置司，除統領糧秣外，尚有節度之權，實際上如同監軍的功能。

抗金三大將領被解除兵權了，明顯表示朝廷將放棄戰爭，改用和議的戰略，企圖偏安於長江以南。

◆樞密使楚州按兵

五月下旬，宋高宗下令張俊和岳飛前往楚州按閱御前兵馬。

楚州原為韓家軍管轄，如今調派另二位大將按軍，顯然打算找韓世忠的麻煩。

岳飛明白秦檜的用意，於是說：「世忠有幸，沐皇恩高升為樞府大臣，世忠現歸朝，則楚州之軍即朝廷之軍也。」

岳飛雖講得委婉，態度卻很嚴正，他向秦檜明白表示，就算楚州軍隊有事，也與韓世忠無關了。

秦檜想在三大將領間撥弄是非的意圖，被岳飛點破，心中自然非常不高興，但岳飛所說的完全合乎情理，秦檜也無可奈何。

韓家軍一向以軍紀嚴明、兵力精銳著稱，每次出師，對地方農民絲毫無犯，即使岳飛也不得不稱讚楚州軍的表現。特別是糧秣方面，韓世忠的安排更是讓人佩服。

岳飛雖擅於戰場爭戰，卻不擅於糧秣管理。他很難想像，在這個不大的楚州城中，韓世忠居然儲藏有錢百萬貫，米九十萬石，兵力不過三萬。韓家軍不但能防守住自己的戰區，而且經常軍援淮西、北上京東，他不禁為韓世忠的調度有方感到敬佩萬分。

張俊卻對岳飛表示：「朝廷要我們到楚州按軍，明白要我們瓜分韓家軍的勢力，不知你願意配合否？」

岳飛聽了大怒，表示不可：「今國家惟自家三、四輩，以圖恢復，萬一官家復使之典軍，吾曹將何顏以見之。」

岳飛拒絕參與張俊的陰謀，使張俊對之又恨又氣。

張俊繼續找楚州軍的麻煩，岳飛雖一再阻止，但還是無法完全杜絕朝廷對韓家軍的傷害。不久，聽說楚州統制耿著被逮捕，縛送大理寺的消息，岳飛心中暗暗叫苦，知道是有意陷害韓世忠，而這個整肅的箭頭也很快將指向自己。

楚州之行，讓岳飛非常心寒，他七月回臨安後，立刻提出辭呈，高宗不許，要他留在京城，按軍之事由張俊一人負責。

岳飛派人向韓世忠送出書信，要他警惕小心。

張俊則立刻向秦檜報功，表示自己肢解了韓家軍的成果，秦檜非常稱許。張俊更直接挑明岳飛不願配合，徒增整頓上的困難。

耿著雖被酷刑，仍不願招出韓家軍有違法事宜。加上岳飛示警，韓世忠已有準備，他親自到高宗面前，剖明心跡，並展示身上的大小傷痕，以及自己祇剩下的四隻手指頭。韓世忠曾中毒箭，十隻指頭祇剩四隻，但他仍努力在前線指揮作戰。

講到傷心處，韓世忠也不禁淚濕衣襟，流下英雄淚。

宋高宗深受感動，便下令不再追究楚州之事了。

秦檜功虧一簣，心中非常不滿，韓世忠若獲罪，對主戰派將是空前大打擊，這對議和將會有很大的幫助。

他得知洩露機密，警告韓世忠的，就是岳飛，更對岳飛恨之入骨，決定除之而後快。

◆岳飛含恨思歸隱

淮西戰後，朝廷充滿議和之論。

岳飛對此非常不滿，他屢次上奏，要求高宗加強軍備，並準備和金軍一決生死。

張俊也向高宗告密，表示楚州按軍時，岳飛有意放棄山陽退保長江，有負國恩。

秦檜更在一旁加油添醋，表明岳飛言表不一，不可信任。

高宗心中有譜，但礙於兩位寵臣，祇有裝聾作啞，假裝聽不懂。

但陷害岳飛的陰謀並未因此而停止，反而變本加厲地進行著。

其中有個非常重要的人物，是曾任湖北提點刑獄万俟卨（複姓「万俟」，音莫齊）。

万俟卨曾向岳飛建議「足兵」、「足財」、「樹威」、「樹人」四大建設，以建軍來搜括民間財物，擴充兵力，向朝廷示威。被岳飛嚴加指責，他因此懷恨在心。

後來，万俟卨奉旨入調，和秦檜說起荊襄間的軍事布局，指出岳飛很多的不是，讓秦檜非常欣賞。

万俟卨於是上疏彈劾岳飛三大罪狀。

一、自登樞筦，鬱鬱不樂，日謀引去，以就安閒，每對士大夫但言山林之適。

二、淮西之戰，稽違詔旨，不以時發。

三、楚州之行，宣稱山陽不可守，沮喪士氣，動搖民心。

這種指控，稍有常識的人，都會知道「棄守戰地」一事，怎可能發生在岳飛身上。

想不到宋高宗竟當廷批准了彈劾奏章，配合張俊及秦檜的證辭，就定岳飛有罪。

當天，名將劉錡也被剝奪軍權，調荊南知府。

對自己遭到誣陷，岳飛保持低調，並未辯解；但聽說劉錡罷軍，岳飛再也無法忍受了。

自己和韓世忠算是虛銜，沒有兵權，對武將而言已是廢功，受到陷害也沒有大關係。

但劉錡是國家僅有的戰力，被剝奪軍權，無疑自毀長城，今後如何和金國對抗。

岳飛不顧自身安危，上奏高宗表示萬萬不可，罷免劉錡軍權，無疑使國家陷入空前危機。

宋高宗自然是不許，並且再記岳飛一筆違抗聖詔的罪名。

八月初，御史中丞何鑄和殿中侍御史羅汝楫，上疏彈劾岳飛，罪狀和万俟卨已在秦檜提拔下，出任右諫議大夫。

其實，岳飛也知道朝廷事不可為，早已提出了辭呈。不久，高宗下詔解除他樞密副使的職務，出任萬壽觀使的閒職，岳雲提舉醴泉使，和父親一起退出臨安府。

岳飛返回江州，打算退隱家鄉，但另一個更大的災難卻正在等著他。

◆欲加之罪，何患無辭

離開了臨安，岳飛和朝廷關係全斷了，沒有人為他說項，秦檜和他的黨羽對岳飛的迫害日益加深。

三位對金國抗戰最有力的將領——岳飛、韓世忠、劉錡全被罷黜。

張俊投靠秦檜，仍擁有軍權。

在濠州被打得大敗的楊沂中，仍然是宋高宗手下愛將，南宋的國防力量，至此祇能守不能攻了。

主和派掌控了朝政的主軸。

金國方面，金兀朮當然很快得知南宋朝廷的變局，他靜靜觀察，和議氣氛一天比一天強了。

九月，被拘禁在濠州的南京特使莫將及韓恕回到臨安，傳遞了金兀朮的書信。

書信的態度非常強硬，但仍表示有和談的決心，雙方的代表因而展開了準備工作。

對金兀朮而言，心中最大的石頭仍是岳飛。

秦檜為促成和談，決定對岳飛痛下毒手。

岳飛屬下有位大將叫作王貴，雖常被岳飛指斥，但他對岳飛還是非常尊重。不過張俊的手中握有不少王貴的把柄，他和秦檜都認為或許可用來作為陷害岳飛的證據。

八月中旬，王貴奉命到鎮江公幹，張俊也派出王貴的舊同僚王俊到鎮江，私底下向王貴施壓。起初王貴嚴厲拒絕，但王俊以王貴家人的安全作威脅，最後王貴祇得同意合作。

針對的重點，是岳飛的愛將張憲。

張憲官居太尉，擁有著荊襄大部分兵權。

王貴的彈劾文指出，由張憲口中得知岳飛對被罷除兵權表示不滿，打算擁兵自重，向朝廷請命。

九月中旬，張憲奉命到鎮江的樞密府，卻被逮捕和拘押了。

張俊負責審訊張憲。

一剛開始，張憲根本搞不清楚究竟發生了什麼事，對突如其來的大禍臨頭，他心裡一點準備也沒有。

張俊開始對張憲使用酷刑逼供。

雖被打得皮開肉綻，張憲還是堅持不肯自誣。

張俊於是擅自捏造供詞，向秦檜報告張憲已供出不少他和岳飛同謀的罪行。

紹興十一年（一一四一）十月，朝廷決定拘提岳飛。

◆身陷大理寺

岳飛這時仍賦閒在江州。

江州南傍廬山，北依長江，也是屏障江南的軍事重鎮，曾是岳飛指揮戰鬥時的重要據點，他很喜歡這個城市，表示希望有朝一日可以在這裡長住。

賦閒之後，岳飛便暫時住在江州。

結婚甚早的岳飛，雖歲數不大，卻也兒孫滿堂了。岳雲及岳雷都已成婚，未成年的還有三子一女，加上四個孫兒、孫女。

岳飛的生活一向簡單，和外界也少有來往。

有一天，舊部屬蔣世雄突來拜訪，言談中提到張憲被捕的消息。

岳飛和張憲也少有來往，對這件事並不知情。

張憲被控謀反，但岳飛深知張憲對國家非常忠誠，他判斷這可能是針對自己而來，張憲應該祇是無辜受累。

大禍臨頭了，岳飛心裡有數。

不久，宋高宗趙構也同意逮捕岳飛，和張憲一起接受審判。

住在江州不到一個月，岳飛接到命令，要他前往臨安。

在和家人惜別後，岳飛決定慷慨就義，不做不必要的反抗。

他心中仍期待和韓世忠一樣，向皇帝表明心跡後，能夠轉危為安。

奉命逮捕岳飛的是昔日戰友，也是南宋重要將領之一的楊沂中。

楊沂中和岳飛交情不錯，他大岳飛一歲，由於家中排行第十，岳飛以十哥稱呼他。

楊沂中親自到府邸接走岳飛，當天便用轎子將岳飛送進了大理寺。

直接送進大理寺，倒叫岳飛感到意外，他原本認為皇帝會親自召見，讓他有機會表明心跡。

到此，岳飛終於確定自己遭到了逮捕。

〔陳文德說評〕盛極必衰，樂極生悲，這是物理學的循環現象。

任何力量都會有消沉、渙散之時，《易經》的最本質精神，便是學易的人要有安困、習坎、救渙的智慧。

渙，渙散也，生命進入低潮期，一切不如意，欲振乏力，有如風吹水上，水點渙散。處渙是重要的智慧。

人生不如意事十常八九，失敗似乎皆不可免，如何安然渡過失敗的危機，才是重要的生命智慧。

《易經》第五十九卦——渙，風水䷺渙。探討著救渙的智慧。

風吹水上，水點會向四面渙散，這時候心更要安靜，寧靜以處渙，使身體的能量更能集中，才能救渙，這也是學易者重要的修養。

渙卦的卦辭：「渙，亨，王假有廟，利涉大川，利貞。」

渙時，更要努力去亨通能量，放開來，面對一切危機，心要寧靜坦然，如同君王守住宗廟般的嚴肅，不可慌亂，心靜下來，能量便能集中，可以面對一切困難，故利涉大川，但一切宜正確而穩定，故處渙的態度要利貞。

渙卦彖辭：「渙，亨。剛來而不窮，柔得位乎外而上同，王假有廟，王乃在中也，利涉大川，乘木有功也。」

渙卦內坎險而外巽動，柔而不止也，故曰剛來（坎能）而不窮，困難多但機會也多。巽卦在外，故曰柔得位乎外而上同，九二爻及九五爻同為剛爻，故曰剛在中也，內外的中心都宜剛強有力，也象徵王假有廟的氣象，王乃在中也，主神隱在。風為木，風在水上，也象徵木在水上，依物理學自然是會浮上來的，故渙卦本質上不會有太大危機，故曰乘木有功也。

心頭放乎定，一切危險能安穩的渡過。

渙卦的象辭：「風行水上，渙，先王以亨于帝，立廟。」

渙時，精神力量最為重要，危機時能量自然會爆發，極少的力量也會發生很大的效果，意志集中，一切便不會有問題。

處渙最重要是在危險中行動，沒有恐懼，一切全力以赴，便是救渙之道，故渙卦時所有的動爻都不錯。

「初六，用拯，馬壯，吉。」

救渙的基礎最好有助力，助力大，一切大吉。

九二是關鍵，內心宜安穩，非常重要。

「九二，渙奔其機，悔亡。」

全力面對渙境，不患得患失，不計較成敗，便不會有大的悔恨。努力救渙的行動本身便算成功了。

「六三，渙其躬，无悔。」

讓自己安心，身處渙境，臨危不亂，一切無怨無悔。

「六四，渙其群，元吉。渙有丘，匪夷所思。」

不祇自己處渙，更要號召大家來救渙，全體一致，眾志成城，自然元吉，這樣匯集成的力量之大，是匪夷所思的。

「九五，渙汗其大號。渙，王居无咎。」

救渙最重要的便是九五——領導者，九五是全卦的主爻，救渙之辛苦，他必須一個人扛，故累得滿身大汗，仍得大聲呼救，樣子雖然狼狽，但救渙時，這種現象是常見的，也是有其必要的，故无咎。

「上九，渙其血，去逖出，无咎。」

救渙時，難免會受傷，有破壞才有建設，去逖出，是把不好的能量去除掉，修補傷口，便可以无咎了。

破壞是為了建設，如果衹有破壞，或許有人會很爽，但沒有建設，能量是會耗盡的。

宋高宗趙構有意中興宋皇朝，重整並強化趙氏政權，這便是救渙的工作，重用秦檜本意是爭取和平，使政務能安穩推動，使人民不用顛沛流離，但他因為害怕戰爭，反而陷害忠良，罷除岳飛、韓世忠、劉錡，不但不能救渙，而且勢必渙得更厲害，中興之勢也因而中斷了。

第十二章

千古冤獄

朝廷特下詔書，組成審議小組，由御史中丞何鑄、大理寺卿周三畏、右諫議大夫万俟卨、殿中侍御史羅汝楫等人組成。

◆何鑄感動棄審

岳飛被帶到另一間議堂，祇見張憲及岳雲已脫掉衣冠，帶上枷鎖，赤腳露體，渾身是血，被打得不成人形了。

岳飛心中非常激動，他忿怒表示：「我曾統十萬軍，今日乃知獄吏之貴也。」

他昂首面對審判諸人：「皇天后土，可表此心！」

主審官是何鑄，他是秦檜的人馬，主和派的大將。

他詢問岳飛，為何與張憲共謀叛國。

岳飛悲憤交加，解開衣服，但見背後刺刻有「盡忠報國」四個大字。

這是靖康年間，國難當頭，岳飛毅然投入軍旅，岳母為他所刺的，不僅刻在背上，更直接刻入岳飛的心中。

冥冥之中，這是他對母親共同莊嚴的誓約。

皇天后土，可表此心。

何鑄及周三畏都深受感動。

何鑄雖曾彈劾過岳飛，但整個審判過程中，他已明白岳飛的冤情。他立刻把自己的感覺向秦檜報告。

何鑄認為張俊宣稱張憲和岳飛謀反，王貴的告發及王俊的檢舉，一直都沒有明證，張憲在酷刑下始終拒絕招供，岳飛及岳雲的辯詞也很有道理，整體看來，岳飛應該是無罪的。

秦檜臉色陰沉，他當然知道整個事件缺乏有力的證據，但是岳飛非除掉不可。況且多年來，他一直把何鑄當成心腹，這個忙難道都做不到？

秦檜直接向何鑄表示，將岳飛定罪是皇上的旨意，何鑄祇要見機行事，照辦便可以了。

何鑄聽這麼一講，完全明白了。他心中大為吃驚，自己身為朝廷命官，如何做出這種傷天害理之事。

他毅然向秦檜表明：「何鑄並非在乎區區一個岳飛的生命，但強敵未滅，無故戮殺大將，非社稷之要計。」何鑄到此鐵了心，斷然表示，就算是皇帝的旨意，他也恕難從命。

這次換秦檜傻了，何鑄數年來都站在自己陣營，現在是關鍵時刻，影響他個人的利害也非常清楚，居然做此選擇，可見要處死岳飛並不容易，可能反彈力也會很大。

他決定再度重用万俟卨。

◆苦刑逼供，強安罪名

万俟卨找到了岳飛當年遊靈隱天竺寺時，在寺壁上題的一句話：「寒門何載富貴」。

岳飛喜歡到處題字是眾所周知的，題了什麼，題了多少，相信他自己也未必記得住。

万俟卨卻認為這句話，隱藏著謀反的動機，證明岳飛有心圖謀不軌。

這根本是牛頭不對馬嘴的事情，竟成了岳飛造反的直接證據，而且陪審的官員也一致認可。

岳飛至此已非常清楚朝廷和秦檜非置自己於死地不可，想不到自己一生為國打拚，竟落得如此下場，至此義憤填膺，再也不發一語。

進入牢獄後，岳飛決定絕食，以求速死。

每天的拷打酷刑，使原本健壯的岳飛整個垮了下來。他面色枯槁，每天衹在角落上昏睡，完全不成人樣。

二子岳雷前來探視，幾乎不認得眼前的父親。

岳雷自然也陪同父親一起絕食，岳飛不忍兒子挨餓，終於勉強一起進食。

万俟卨每天拷打岳飛、岳雲及張憲，但還是無法取得口供。從十月十五日到十一月十七日，天天審訊，但總在同樣幾件事上面繞圈子，整個案情毫無進展。

◆「莫須有」三字何以服天下？

岳飛下獄，朝廷官員震驚。

但皇帝的旨意很明顯，除了為岳飛叫屈外，大家也不知如何是好。

南劍州（福建南平市）布衣范澄上書高宗：「宰輔之臣，媚虜急和，胡虜未滅，飛之力尚能勘定，豈可令將帥相屠，自為逆賊報仇哉？」

他引用南北朝時宋文帝殺害檀道濟（《三十六計》作者）之事，表示這是自毀長城的災難。

齊安郡王趙士㒟在紹興九年（一一三九）曾到西京洛陽祭掃北宋八陵，對岳飛盡忠國事印象深刻，聽說岳飛入獄，他一天也不得安寧，親自面見高宗表示：「中原未靖，禍及忠義，是不欲中原恢復，二聖重返，如何使得？」他願以一家百口性命擔保，要求釋放岳飛。

十一月，宋金兩國初步達成協議，南宋必須稱臣納貢。條件雖然嚴苛，卻是宋高宗夢寐以求的。

由於岳飛入獄，主戰派聲勢完全被鎮住，因此宋高宗決定不但不釋放岳飛，而且還要定他死罪，以殺一儆百。

十二月中旬，韓世忠親自到尚書省拜訪秦檜。

韓世忠在宋金和議進入緊鑼密鼓階段時，也主動辭去樞密使職，祇擔任醴泉觀使的閒差。

韓世忠比秦檜大一歲，在朝廷中資歷也較深，因此對秦檜一向有話直說，理直氣壯，絕不屈服。

岳飛的事件惡化了，韓世忠也察覺朝廷有意殺害岳飛，他心急如焚，再也顧不得自身安危，親自到尚書省質問秦檜，岳飛造反有何證據？

秦檜在韓世忠逼問下，祇能回答：「飛子雲與張憲書雖不明，其事體莫須有。」

韓世忠大聲質疑：「莫須有三字何以服天下？相公須審慎為是。」

韓世忠雖然已經沒有什麼影響力了，但秦檜也不敢公然得罪他，以免節外生枝。

秦檜祇希望岳飛的事件能早日落幕，免得日久生變。

叛國之罪顯然缺乏證據，秦檜又開始思考如何替岳飛張羅更多的罪行。

張俊主動向秦檜表示，淮西戰事時，岳家軍以乏餉為由，有逗留戰場的嫌疑，依法誤期三日，按律當斬，這種事足以置岳飛於死命。

但岳家軍的行軍表非常清楚，不可能誤期，万俟卨派人作假，他毀掉淮西戰事時，高宗給岳飛的所有御札，好讓岳飛無以辯駁。

◆羅織罪行，岳飛定罪

這時最早控告岳飛的王俊，又提供一項情報，他表示岳飛在淮西班師時，有天夜裡在一座寺廟中，岳飛問大家：「天下事竟如何？」張憲答道：「在相公處置耳。」王俊在眾人退出後和董先及王貴表示，剛剛你們都聽到了相公及張太尉（張憲）的對話吧?!

他把這段話解釋為岳飛及張憲有謀反的意圖。

秦檜親自派人由鄂州召來董先及王貴，要求兩人作證。

兩人非常清楚岳飛的為人，開始時一直否認有如此認同，但在秦檜威脅及利誘下，董先畫下了口供。

審判中，更透露岳飛曾自言與太祖俱以三十歲為節度使，又稱岳飛懷有僭越的彌天大罪。事後證實，岳飛是在鼓舞部屬士氣，而稱：「我三十二歲為節度使，自古少有！」以言皇恩浩大，但這句話也被惡意的扭曲了。

万俟卨又用酷刑，讓神志不清的張憲也畫了押，再加上岳飛一條大逆不道的罪。罪行既已確定，參與審判的大理寺卿薛仁輔、大理寺丞李若樸（李若虛之弟）、何彥猷等提出判岳飛兩年徒刑，大理寺卿周三畏當即批准。

他們都知道岳飛受了冤屈，否則任何一條罪行均可判處岳飛死罪，但他們堅決表示要為忠良留下生命。

判決書送給万俟卨，万俟卨臉色劇變，責問周三畏為何違背皇上旨意，判如此輕刑，難道不怕被朝廷免職。

周三畏昂然表示：「當依法，三畏豈惜大理卿！」

周三畏後來掛冠而去，不知所終，又是一位朝廷中的硬漢。

◆東窗密謀，壯士斷魂

大理寺的判決，秦檜自然是不滿意的。

但大理寺畢竟是國家正式主管刑獄的機關，大理寺卿所批示，就算相國也不能置若罔聞。

秦檜深感煩惱，整天皺著眉頭在窗前沉思。

妻子王氏問他何事，秦檜遂將大理寺的判決告訴她，並詢問王氏的意見。

王氏提醒他說：「捉虎易，縱虎難也。」

秦檜深表同感，於是決心痛下殺手，以絕後患。

明朝田汝成在《西湖遊覽志餘》中，記載秦檜會同妻子在東窗密謀殺害岳飛，秦檜死後，妻子請道士招魂，祇見秦檜身荷鐵枷，滿面憂怨，向道士表示：「可煩傳語夫人，東窗事發矣！」後人以東窗事發代表陰謀被揭穿了，即根據此說。

秦檜指示万俟禼甩開周三畏等人，自行修改判決。

紹興十一年十二月二十九日（西元一一四二年一月二十七日），農曆除夕，大理寺將判決報請尚書省。岳飛以三大罪狀判死刑；張憲涉及謀反，判絞刑；岳雲判刑三年；岳雷無罪開釋。

秦檜親自將判決書，送到金鑾殿，請高宗裁示。

高宗面無表情，判岳飛賜死，張憲及岳雲斬刑，由楊沂中執行。

獄吏將通知告訴岳飛，岳飛大聲表示死也不服，並在獄牆上寫出八個大字，「天日昭昭，天日昭昭！」

當晚，岳飛被絞死於大理寺獄中風波亭。

◆忠良凋零，牛皋去世

岳飛死後，不久，王貴被調離鄂州軍都統制之職，由張俊的愛將田師中接任。原本岳家軍手下的部將，都被扣上無能的帽子，不是被調職，便是被解職。荊湖南路馬步軍副總管牛皋，一向被視為岳飛的愛將，因此也成了田師中的眼中釘。

牛皋是汝州魯山人（屬河南），原本是個弓手，金人入侵時，他主動集結鄉人抗敵，屢建奇功，紹興三年（一一三三），牛皋率眾歸南宋，被編置在岳飛旗下，成了岳家軍的一員猛將。

對於岳飛的智勇及盡忠國事，牛皋非常佩服。岳飛遇害，牛皋悲痛萬分，並表達對秦檜嚴重的仇視。他個性暴躁又直爽，經常在喝醉酒後大聲辱罵，絲毫也不顧忌。

田師中本來想拉攏牛皋，他認為牛皋個性簡單，祇要對他好些，便會倒向自己陣營，想不到牛皋脾氣強，經常發牢騷，變本加厲，痛批朝廷，使田師中懷恨在心。

田師中將牛皋的行為向秦檜報告，秦檜於是命他設法除掉牛皋。

牛皋官雖不大，卻是前線的猛將，有他的忠實死黨，要除掉他並非容易之事。

紹興十七年（一一四七）三月，田師中宴請諸路將領，牛皋也出席了。他很討厭田師中，宴席中僅勉強應付而已。突然覺得肚子疼痛，頭部昏眩，立刻回到府中。

回家後，牛皋直覺自己是遭人下毒，他叫親信及家屬儘速準備後事，長歎道：「我牛皋已六十一歲，死不足惜，官至侍從，所恨南北通和，不以馬革裹屍，顧死牖下耳！」

第二天便溘然長逝。

像牛皋這樣被毒殺的，還有敘州團練使邵隆等人。

◆韓世忠急流勇退

韓世忠在和秦檜鬧翻後，回到府邸，為岳飛的事非常頭痛，引起夫人梁紅玉的關注。梁紅玉歌妓出身，但在當年是有名的巾幗英雄，封安國夫人，後又稱楊國夫人。建炎四年（一一三〇），韓世忠在黃天蕩抵擋金人，梁紅玉曾親自在最前線擊鼓助陣。她一直也是韓家軍最好的支柱，不論鼓舞士氣或指揮後勤，梁紅玉從不落人後。在聽完韓世忠的訴說，梁紅玉冷靜地說：「奸臣當道，尚有何幸？相公不如見機而作，明哲保身罷！」

韓世忠也點頭表示：「我亦早有此意，只因受國厚恩，不忍遽去，目今朝局益紊，徒死無益，也只得歸休了。」

此後，杜門謝客常留府裡和夫人飲酒消磨英雄志了。

他在岳飛遇害的三個月後，在靈隱飛來峰的山腰，建了一座亭閣，以岳飛的詩「登池州翠微亭」命名為翠微亭，以弔祭故友，默默表達他對岳飛的懷念。

韓世忠本是文盲，為將後才努力學識字，後來在軍中很喜歡讀書，並自號為清涼居士。

韋太后在金國常聽到韓世忠大名，回宮後，還特別召見，以示尊崇。

晚年恬淡不問政事，加上聲望隆高，秦檜也不敢對韓世忠動手。

紹興二十一年（一一五一），六十三歲，韓世忠病逝於家中。

〔陳文德說評〕有些阻礙非被強力清除不可，但阻礙也必有其因，何況存在日子一久，想斷除也不是那麼容易的，而且會產生後遺症，斷除阻礙的智慧在《易經》中屬噬嗑卦。

火雷，䷔，噬嗑。

噬嗑是用口咬斷的意思，九四是卦中唯一陽爻，在陰爻中成了阻礙，上九及初九兩個陽爻有如口，將九四這個陽爻去除，是為噬嗑。

《易經》第二十一卦，火雷䷔，噬嗑。

火在雷上，晴空下打雷，必是氣流不對，陰陽交電，故必清除之。

噬嗑，䷔，火雷，綜卦山火䷕賁，山下有火，以整飾山的形狀也。賁，修飾，修飾時先去除阻礙，去除阻礙更需重新包裝，故噬嗑及賁相綜。

錯卦為水風䷯井。井是養生卦，噬嗑之後，必須養生，阻礙去除祇是破壞，破壞後的重建，故要有養生的精神。

噬嗑的卦辭：「噬嗑，亨，利用獄。」

噬為咬，嗑為合，咬合的意思。去除阻礙是為亨通而不是排除異己，故要利用獄，獄制屬司法的偵查，審判及處罰制度。

噬嗑卦彖辭：「頤中有物，曰噬嗑，噬嗑而亨，剛柔分，動而明，雷電合而章，柔得中而上行，雖不當位，利用獄也。」

除去九四，噬嗑卦成為頤卦，䷚，頤象如同口，口中的九四是阻礙，宜咬斷之，故曰頤中有物，曰噬嗑。

去除九四這個阻礙，上下卦相對應，是為亨通，故噬嗑而亨。

火為陰，雷為陽，一柔一剛對應，故曰剛柔分。雷為動，火為明，火雷，動而明也，雷火相碰，有如雷電合而章，章者清楚也。六二、六五主爻皆為柔，故曰柔得中。本卦重點在上卦九四，是以能量上行，九四剛處柔位是以不對位，必被去除，但去除要依制度來，才不會慌亂，是以噬嗑宜利用獄也。

噬嗑的象辭：「雷電噬嗑。先王以明罰敕法。」

噬嗑去阻斷，故常有傷害，傷害必須合法，合於法制，傷害才不會有後遺症。

除了必須去除的九四外，其餘動爻大多不是很有利，去阻斷，集中力量即可，打擊面不宜太大，以免不必要的傷害。

「初九，屨校滅趾，无咎。」

最底層的傷害，固然會痛苦，但至少無大害。

傷到腳趾，最多是走不得也，無生命危險。

象曰：「屨校滅趾，不行也。」

「六二，噬膚滅鼻，无咎。」

傷到面子了，肌膚被咬，鼻子受傷，雖然痛苦，不致於傷害生命。

象曰：「噬膚滅鼻，乘剛也。」

「六三，噬臘肉，遇毒，小吝，无咎。」

累犯的錯誤，一再阻礙，非去除不可，不過這種力量已坐大，有毒，故去阻斷時，常會遇毒，但仍不算太大傷害。

六三，陰在剛位，故象曰：「遇毒，位不當也。」

「九四，噬乾胏，得金矢，利艱貞，吉。」

九四是噬嗑卦的主要對象，乾胏是有骨頭的硬肉，自然又臭又硬，但仍宜全力阻斷之，就算拿黃金做成的武器，也得去除之，故利艱貞，吉。

但去除終究是種傷害，仍是不得已的，故象曰：「利艱貞，吉，未光也。」

「六五，噬乾肉，得黃金，貞厲，无咎。」

六五，祇是硬肉，至少沒有骨頭，比較好處理，黃金正色也，象徵一切合法合理，不得渲染成排除異己，要公正，雖貞厲，總算無過錯。

象曰：「貞厲，无咎，得當也。」

至少方法對了，雖有傷害也是不得已的。

噬嗑卦到六五，雖貞厲，至少無大傷害，但不宜超過這個界限，否則可能為了噬嗑而不合情理法，傷害可能就大了。

宋高宗想去除武將們的驕氣，或許為了執行其和議政策是必要的，但對岳飛的傷害則是過度的違反了情理法，反成了千古的冤獄。

「上九，何校滅耳，凶。」

刑具大到把耳朵蓋住了，就算是去除阻斷，這也太過份了，故凶。

象曰：「何校滅耳，聰不明也。」

如此不必要的噬嗑，或許會讓自己很滿意，其實是非常不明智的作為。

岳飛的冤獄事件，的確斷送了宋高宗中興宋朝的契機，南宋從此偏安局定，直到滅亡。

第五篇 同體大悲

天意終亡宋，公生與檜逢，
有心歸二帝，無計悟高宗，
蓬幕陰持議，龍沙自舉烽，
切灰三字裡，碧血淬芙蓉。

百戰英雄骨，東窗笑語中，
繡旗恩未斷，蠟丸間先通，
鐵像行人礫，王封史筆公，
我來瞻廟貌，灑淚拜孤忠。

——明·葉映榴·岳廟

第十三章

金國內鬨

紹興十二年（一一四二）二月，宋金和約成立。

宋高宗趙構向金帝完顏亶進誓表，稱臣，每歲貢銀二十五萬兩，絹二十五萬匹，東以淮河為界，西以大散關（陝西寶雞）為界，劃分統轄範圍。

四月，金國遣左宣徽使劉筈到宋國，冊封趙構為宋帝。

八月，金國送回趙構生母韋賢妃及父趙佶（徽宗）棺柩，宋金兩國正式停火。

紹興十三年（一一四三），宋朝廷沒收錢塘縣（浙江杭州）岳飛宅，改為國子監。

宋金和議成立，金熙宗完顏亶已取得完全優勢，南宋的軍事力量對金國已經沒有威脅，趙構祇能做一位聽話的臣皇帝了。

紹興十六年（一一四六），金國西方出現了一群好戰又能打的遊牧民族——蒙古。

金國數度派兵殲滅，但都不成功。

硬的不行，祇好用軟的，金熙宗派出汴京留守蕭保壽赴蒙古，欲冊立其酋長鄂羅貝勒為蒙古國王，要求蒙古承認其宗主地位。

鄂羅貝勒拒絕，不接受。

隔年，雙方雖勉強達成和約，但蒙古族仍不受金國約束。

◆完顏亮誅殺異己

金熙宗完顏亶在制伏宋國後，驕妄自大，酗酒暴虐，殺害兒子魏王完顏道濟，又殺了自己的弟弟胙王完顏元，以及自己的妻子斐滿皇后。

皇族為之震動，人人自危。

左丞相完顏亮乘機叛變，誅殺了完顏亶，自立為金國皇帝。

完顏亮以統一南北為自己最大志願，因此他必須有力地將金國內部整合起來。

他尊稱嫡母陡單氏及生母大氏，俱稱為皇太后以尊顯自己這支血脈的地位。

不久，便開始整頓皇族。故齊國公完顏宗雄之妻及其子七人均被殺；第二任皇帝金太宗完顏吳乞買的子孫五十餘人不久也先後罹難；故秦王完顏宗翰的子孫三十餘人均被害，完顏宗翰因而絕後；庶祖母蕭太妃及左副元帥完顏杲及其子也被凌虐致死，斷絕子孫。

紹興二十二年（一一五二），金帝完顏亮赴中京，將陡單太后留守於上京。

隔年，金國遷都於燕京（北京）。

不久，西京留守完顏衮及韓王完顏亨也先後被殺。

紹興二十五年（一一五五），南宋主和派大臣秦檜病逝，聯繫南宋及金國的主線斷了，金國的態度更為囂張。

紹興二十六年（一一五六），完顏亮宴請諸王於講武殿，大閱兵馬。

完顏亮下令由宋欽宗趙桓與遼前帝耶律延禧各領一隊，擊毬為樂（一種類似足球的運動）。並以病馬令兩人乘之。

趙桓年已五十六，力不及落馬，為騎兵踏死。

耶律延禧雖已八十二，體力仍健，縱馬突圍而出，完顏亮令人射殺。

◆完顏亮南征

紹興三十一年（一一六一），完顏亮自認已完成統一中國的準備大業，他自比是秦始皇，決定大舉發動南征。

四月，他遣使赴宋，以不禮貌言詞企圖激怒趙構。

六月，金國由燕京遷都汴梁。

由於完顏亮屠殺皇族，引起嫡母徒單太后不滿怒斥，完顏亮竟誣稱陡單太后謀反，將她縊殺。金國皇族大為騷動，不少人反對在如此不穩定的政局下，還要南征宋國。

但完顏亮堅持御駕親征。

很多部族因而叛逃，他們分別投向完顏亮的堂弟，東京（遼陽）留守完顏雍處。

完顏雍害怕完顏亮報復，於是先下手為強，自立為皇帝，是為金世宗。

稱帝後，金世宗公告完顏亮罪行，並聲言討伐。

是月，完顏亮大軍破淮河，宋池州都統制王權望風而逃。

金軍攻向采石磯（安徽馬鞍山），並陷和州，抵長江采石渡口。

宋國以蕪湖都統制李顯忠接替王權。

◆采石磯虞允文大敗金軍

十月，中書舍人虞允文到采石磯勞軍，得知金軍已至對岸，但李顯忠大軍還未到達。

王權的敗軍三五星散，逃至釆石磯。

虞允文召集諸將，勉以忠義，重新編組，決心與金軍死戰。

不久金軍渡江而來，虞允文率眾突擊，竟大破完顏亮的主力部隊，並將之逼退至和州。

虞允文亦統軍進入京口（江蘇鎮江），在瓜州對岸與完顏亮大軍對峙。

完顏亮雖親臨瓜州，準備決戰，但完顏雍即帝位消息傳來，軍心大亂，又逢初敗，完顏亮不能制。

浙西都統制耶律元宜叛變，率眾圍攻御營，擊殺了完顏亮。

金軍主動向宋軍提出停火，向北撤退，宋軍收復江北失地。

宋金和議卻因這次戰事而破裂，南宋對金國的態度轉趨強硬。

完顏亮雖為金國皇帝，但因過於殘暴，死後連王號也被剝奪，《金史》祇以廢帝海陵王稱呼他。

◆軍事衝突又起

金世宗完顏雍是位溫和的領袖，他一反完顏亶及完顏亮作風，很快平定了金國的內鬨。

不久，契丹之亂也平定了。金國政權恢復穩定。

紹興三十二年（一一六二），山東人耿京率眾叛金。遣都提領賈瑞，掌書記辛棄疾奉表赴臨安。

宋高宗大喜。授耿京為天平節度使，令賈瑞、辛棄疾兩人返山東述職。

等到二人回到山東，耿京已被其將張國安所殺，重新投入金國懷抱。

辛棄疾率諸將突擊金營，逮補張國安，並率軍南撤投奔宋國，斬張國安於臨安。

金國派使臣赴宋，告以金世宗新帝即位消息。

宋遣左司員外郎洪邁隨行祝賀，但書辭不稱臣，金世宗非常不高興，拒絕接受。

趙構一直思念被帶往北方的妻子刑氏，所以即位後，一直未立皇后。後來在韋太后勸說下，才立吳氏為皇后，但也一直未曾誕育皇子。

因此由吳皇后收養一位血緣較遠的皇親為養子。

是年，趙構傳位給養子趙伯琮，是為宋孝宗。

宋孝宗在歷史上被公認是南宋的好皇帝，他個性溫和，頭腦清楚，算得上勤政愛民。

趙構自稱太上皇。

十二月，孝宗下詔，為岳飛洗雪冤情，追復原官職，並以禮葬之，重用岳飛後代。

隔年，宋隆興元年，西元一一六三年。金左副元帥紇石烈志寧送國書給宋樞密使江淮都督張浚，要求宋國仍向金國稱臣，納貢歲幣，並歸還最近取得的海、泗、唐、鄧、商諸州之地，恢復早期的疆界。但為張浚所拒。

宋帝趙伯琮態度也轉為強硬，他命張浚赴長江以北視師，並以淮西制置使李顯忠攻靈璧，陷之。

池州都統制邵宏淵攻虹縣，久不能下，李顯忠派靈璧降卒前往招降，虹縣才投降，但卻引發邵宏淵認為自己被輕視，對李顯忠非常不滿。

紇石烈志寧統大軍來攻，雙方戰於宿州，李顯忠苦戰，邵宏淵故意按兵不動，宋軍遂大敗，退至符離，十三萬大軍一夕潰散。

張浚還揚州，上疏自劾，並告老退休，以示負責。

趙伯琮亦下詔罪己，宋金兩國再度議和。

◆第二次議和

紇石烈志寧遂又向宋國施加壓力。

宋左僕射中書門下平章事湯思退力求和議。

宋隆興二年（一一六四），宋遣議和使臣五、六返，但談判進行緩慢。

紇石烈志寧率大軍攻宋，陷盱眙，濠州、廬州、和州、滁州。

宋再遣使魏杞持國書赴金乞和。

宋乾道元年（一一六五），金宋乾道和約成立。

這是場劇烈的外交戰，雙方互不相讓，斤斤計較。金國要求嚴苛，但宋國也態度強硬，據理以爭。

金世宗本就有意和談，宋孝宗態度雖強硬，但仍由主和派湯思退主導，所以雙方主要精神均傾向和議，爭執雖多並未破裂。

最後議定，將歲貢改稱歲幣，數量也比以前減少。

對南宋皇朝而言，是比紹興和約爭到了不少面子。

一、宋帝趙伯琮自稱姪皇帝，尊金世宗完顏雍為叔皇帝。

二、兩國行文稱國書，每年由宋獻歲幣金銀二十萬兩，絹二十萬匹。

三、仍照舊疆域劃界。

乾道和約維持了四十年，才被南宋所破壞。

這時金世宗及宋孝宗均已辭世，是金章宗及宋寧宗的時代。

◆宋皇朝乘機坐大

趙伯琮在淳熙十六年（一一八九），傳子趙惇，是為宋光宗。五年後，趙伯琮病逝，趙惇也得重病，不能臨朝又不能居喪，國家陷入緊急危難中。左丞相留正害怕有巨變，假裝跌倒，稱病告老而去。知樞密院事趙汝愚接棒，但卻不知如何是好。閤門使韓侂冑，是吳太皇太后（趙構妻）妹妹的兒子，力主由吳太皇太后垂簾聽政，立太子嘉王趙擴，是為寧宗。

尊趙淳為太上皇，並以趙汝愚為右丞相。

隔年，宋右正言李沐上奏，趙汝愚以同姓為相不利國家，乃改趙汝愚出知福州。朝廷再度產生趙黨及韓黨之爭，連大學問家朱熹都被牽連了進去。

宋嘉泰二年（一二〇二），韓侂冑出任太師。

嘉泰四年（一二〇四），韓侂冑力主對金國用兵，浙東安撫使辛棄疾入朝，言金國將亂，宋寧宗態度亦轉趨強硬。

韓侂冑命右丞相陳自強兼國信使，追封岳飛為鄂王，用以激勵軍心。

◆宋寧宗下令北伐

北方傳來情報，金國財政困難，並一直為北方的蒙古軍所苦，疲於奔命，軍隊弱質化，戰鬥力已大不如前，這是宋國恢復中原的大好時機。

韓侂胄召集心腹，積極規劃北伐。

當然金國的情報體系也不是虛置，他們早就察知南宋打算撕毀和約，採取軍事行動。

宋開禧二年（一二〇六），宋軍大舉攻金。

京洛招撫使郭倪攻陷泗州。

韓侂胄旗開得勝，以為金軍準備不及，於是發動全面突襲。

其實，金國早有準備了。

郭倪續攻宿州，遭到大敗，建康都統李爽攻壽州，也遭大敗，京西北路招撫副使皇甫斌攻唐州，亦失敗，江州都統王大節攻蔡州，亦大敗。

金國河南宣撫使僕散揆，率大軍分九道反攻，宋國諸路軍馬皆潰。

韓侂胄至此大為驚恐，遣使赴金乞和。

四川宣撫副使吳曦，據興元叛變，投降金國，金國封他為蜀王。

隔年，宋監興州倉楊巨源，起兵襲殺了吳曦，但四川宣撫使安丙謀奪其功，誣陷楊巨源謀反，並將他殺害。

韓侂胄遣國信所參議官方信儒赴金議和。

金左丞相完顏宗浩命以五事刁難。

一、割兩淮；
二、增加歲幣；
三、歸還金俘；
四、犒賞金軍；
五、縛送首謀。

韓侂胄不允，貶方信儒，欲再用兵，朝廷為之震動。

楊皇后令其兄楊次山謀害韓侂胄，楊次山和禮部侍郎史彌遠共謀，等韓侂胄入朝時，派禁衛軍擒拿至玉津園殺害之。

韓侂胄的首級被納入匣內，送至金國，雙方在翌年三月，再度簽定和約。

歲幣增加到三十萬銀兩，三十萬匹絹。

比乾道和約各增加了十萬。

兩國疆域仍維持不變。

金國原本要求恢復紹興和約的君臣關係，經宋國力爭仍維持乾道和約伯姪關係。

宋國以史彌遠為右丞相，維持兩國和平關係。

是年，金帝完顏璟去世，由其叔完顏允濟繼位。

金國雖然在南宋獲得了便宜，但北方一股新興勢力，正嚴重威脅金國的生存。

〔陳文德說評〕天道恆動，諸法無常，宇宙總是以祂自己的方式，不停地運轉變化著。

常中有變，變中有常。

當一件重大事件發生後，變化可能會有九十度，甚至一百八十度的大轉彎。

這便是所謂的關鍵期，關鍵期抓到了，應變適當，則一切順利，失去了，或應對錯了，有可能全盤皆輸，兵敗如山倒。

正確的觀察是最重要的，正確的觀察，才會有正確的判斷及應對。

《易經》第二十卦，風地䷓觀，討論的便是觀察的智慧。

風地䷓觀，風吹過大地，掃過這麼一次，變化也多了，應該重新觀察。

觀的綜卦為地澤䷒臨。

觀不是閉門造車，而是要有具體的經驗。曾具體執行過，這種經驗也才能有真正的「觀」。

錯卦為雷天䷡大壯。

正確的觀，關鍵抓得好，自然氣勢大壯了。

觀卦的卦辭：「觀，盥而不薦，有孚，顒若。」

祈禱，誠心祈禱但沒有欲求，這樣才能完全客觀。有孚，便是有信心，有耐心，一幅莊嚴厚重的樣子。

觀卦的彖辭：「大觀在上，順而巽，中正以觀天下。觀，盥而不薦，有孚，顒若。下觀而化也。觀天之神道，而四時不忒。聖人以神道設教，而天下服矣。」

九五和上九兩個陽爻在上，領下面四個陰爻，下坤上巽，是以順而巽，無私心，完全客觀來看天下，態度莊嚴，卻沒有任何企圖心，誠心、信心十足，厚重貌，自然可以看得清清楚楚。

看清楚宇宙中的變化秩序，四時變化多卻不急，常中有變，變中有常，這是氣象學的原理，能夠完全抓到宇宙的秩序，聖人治國，天下服矣。

觀卦的象辭：「風行地上，觀。先王以省方，觀民，設教。」

觀卦的精神，是君子治國的精神，客觀觀察四方，詳細觀察人民的需要，再來決定治國原則，這便是觀卦。

觀照得最重要是幕僚作業，所以觀卦的主爻在四爻，六四括囊，无咎，无譽，低調處事，反而能看得更清楚些。

觀卦不可急，急於行動將有害，小心審慎，一步一腳印才是觀的精神。

「初六，童觀，小人无咎，君子吝。」

祇在下層次觀，格局太小，小人尚可，君子則不足。

象曰：「初六，童觀，小人道也。」

「六二，闚觀，利女貞。」

偷偷地看，這是閨女看情人的態度，格局也不大，可看得小心審慎，但總是難為情。

象曰：「闚觀，女貞，亦可醜也。」

「六三，觀我生，進退。」

六三，在內外之間，觀的重點便在內外的差異，故可進可退。

象曰：「觀我生，進退，未失道也。」

六四，觀卦主爻，六四不是為自己觀，而是為九五而觀。

「六四，觀國之光，利用賓于王。」

六四這位幕僚認真又客觀，觀的格局最大，也最沒有私心。這樣的確最合乎天道。

象曰：「觀國之光，尚賓也。」

「九五，觀我生，君子无咎。」

九五是領導者，領導者觀照，必須無心，祇為生存，觀照自己的生命，卻又無企圖心，完全享受而已。

象曰：「觀我生，觀民也。」

「上九，觀其生，君子无咎。」

最上層的觀，是觀照全民的生命，問題是永遠解決不完的，客觀的觀照，從煩惱中超脫之。

象曰：「觀其生，志未平也。」

觀得對，不但可掌握關鍵期，突破困境，打開新局面，觀錯了，可能帶來無限的災難。

第十四章
蒙古崛起

南宋紹興十六年（一一四六），金熙宗完顏亶派遣東京留守蕭保壽赴蒙古，要冊封其酋長鄂羅貝勒為蒙古國王，但為鄂羅貝勒所拒。

蒙古位於金國的北方，遊牧民族，因此經常騷擾金國邊疆，雖屢次派兵圍剿，卻無功而返。硬的不行，自然用軟的，雙方開始和談。

隔年，終於簽定了初步條約，但鄂羅貝勒仍自稱「祖元皇叔」，一點也不賣金國的帳，金國也無可奈何。

蒙古人牧羊，逐水草而居，故行動力奇快，團隊內部組織嚴密，但集團間很鬆散，有的住得很遠，一輩子也不會來往。

宗顏亮即位後，對蒙古族更為強硬，特別是韃靼族幾乎成為金國的附庸，經常替金國綁架其他蒙古酋長，以換取金銀及綢緞。

為得到這些封賞，韃靼族常自甘墮落，成為金國的擄人集團。

◆蒙古英雄鐵木眞

蒙古族某酋長便被韃靼族襲擊遭擒，在金國遇害。

但繼承者也速該卻更為強悍，向韃靼展開報復。

在一次突擊中，也速該捕獲一名叫作鐵木真的韃靼小組長，為慶祝這個勝利，也速該便將他出生的男嬰，也取名為鐵木真。

沒有多久，也速該也遭到韃靼族的毒殺。

早年喪父，鐵木真的成長過程相當辛苦，不過這個男孩身體強壯，天生神力，個性堅毅，百折不撓，是個天生的領袖人才。

很快地，鐵木真的猛勇，傳遍了蒙古族群，不少年輕人主動前來投奔，使他的團隊迅速膨脹起來。

蒙古人尊敬強者，英雄人物是大家景仰的對象，鐵木真的團隊在蒙古族群異軍突起，表現優異。

宋國開禧二年（一二〇六），鐵木真第一次擊敗了強敵——札木合，在二十一位酋長擁戴下，在鄂嫩河畔稱帝，號曰「成吉思汗」。

成吉思汗傳說是藏祕佛教中黃派的精靈。

◆和古兒汗爭霸

鐵木真和札木合的鬥爭，並未結束，反而更為激烈，鐵木真還被逮捕過，幸賴友人協助而逃脫。

鐵木真立刻展開更殘忍的報復，試圖壓制札木合的士氣。

當然札木合也想一舉殲滅成吉思汗。

雙方你來我往毫不相讓。

札木合又稱古兒汗——意為眾汗之汗、萬民之汗。

最後，成吉思汗徹底擊滅了古兒汗。

古兒汗向成吉思汗的盟友王罕投降。他慫恿王罕向鐵木真挑戰，但仍為鐵木真所擊敗。

古兒汗及王罕祇好投奔乃蠻部落，以求和成吉思汗再一決勝負。但乃蠻的部隊仍然不堪成吉思汗一擊，大潰而去。

這段期間，成吉思汗已控制了東自韃靼族，西至乃蠻廣大的蒙古地區。這時的成吉思汗也似乎有意向金國挑戰了。

西元一二〇五年（南宋開禧元年），鐵木真便曾出兵攻打西夏國。

西夏屬党項族人建立的國家，文明進化程度頗高，一直也是宋國的強敵之一。金國強盛後，西夏幾乎成為附庸。

西元一二〇七年（南宋開禧三年），成吉思汗第二次攻打西夏。

西元一二〇九年（南宋嘉定二年），更發動全面性的第三次進攻。

西夏被迫和蒙古簽定合約。

身為宗主國的金國，是可忍，孰不可忍，成吉思汗已直接挑戰了大金帝國。同時，鐵木真更攻滅了西方大國維吾兒，將西夏完全納入控制中。

◆正式和金國決裂

西元一二〇八年（南宋嘉定元年），金章宗駕崩，由於他沒有後嗣，所以由叔父衛紹王完顏永濟繼位。

最初，成吉思汗仍入貢於金，並曾見過完顏永濟。金章宗死後，金使持詔書至蒙古要求成吉思汗跪接新君詔書，成吉思汗聽說繼位者是永濟，極端蔑視，向南面唾了一口口水，不屑地說：「我從前以為中原的皇帝是天上派來的使者，沒想到這樣的庸懦之輩也能為之。」拒不跪拜受詔，騎馬離去，衛紹王深恨之。

西元一二二一年（南宋嘉定十四年），成吉思汗攻打西京（大同）。金國猛將紇石烈胡沙虎不敵，棄城而去。

西元一二一三年（南宋嘉定十六年），蒙古大軍攻打金國宣德府，金軍大敗，居庸關陷落，蒙古軍從此可以長驅直入了。

八月，金國發生政變，右副元帥紇石烈胡沙虎殺衛紹王，立昇王完顏珣為帝，是為金宣宗。

十月，蒙古大軍圍攻中都（北京），金元帥右監軍朮虎高琪出城應戰，大敗，胡沙虎欲追究責任，朮虎高琪回軍，殺害了胡沙虎。

此時蒙古軍已深入河北、山東一帶。

◆蒙古和金國議和

西元一二一四年（南宋嘉定七年），蒙古大軍圍攻中都。

三月，金宣宗向成吉思汗求和，並以衛紹王之女歧國公主許配給成吉思汗為嬪妃。並捐獻大量金銀、絹、童男、童女各五百，馬三千匹。蒙古軍撤退，中都解圍。

五月，金宣帝決心遷都南京（開封），以避蒙古軍。

成吉思汗再度圍攻中都。

隔年，左監軍永錫率軍解救中都，與蒙古軍在原野上決戰，金軍大潰敗，中都留守完顏承暉自殺。

蒙古軍正式進入燕京（北京）。

隔年，蒙古軍進攻潼關，騷擾金國黃河流域領地。

西元一二一七年（南宋嘉定十年），成吉思汗發動大規模西征，攻打金國的任務改由太師木華黎擔任，金國總算可暫時鬆一口氣。

蒙古軍攻滅西方的西遼國，西遼立國三百零三年。

西元一二一八年（南宋嘉定十一年），成吉思汗圍攻西夏首都中興府（寧夏銀川），西夏神宗令太子留守，自己奔西涼求和。

身為宗主國的金國不敢出兵支援，西夏轉向南宋尋求合作自保。

蒙古太師木華黎攻陷金國太原，盡取河東之地，金國也向宋國尋合作共同對抗蒙古。

西元一二二〇年（南宋嘉定十三年），金國再度乞和，成吉思汗要求割讓陝西地，並降金宣宗為河南王，金國不服，戰事再起，木華黎攻陷濟南，華北盡入蒙古之手中。

◆成吉思汗西征

成吉思汗發動西征，應是西元一二一七年（南宋嘉定十年）的事。這次西征，前後長達七年。擊敗乃蠻部族後，蒙古人已直接和土耳其系的回教國眾密切來往。他派遣商隊甚至遠行到中亞最大的花剌子模（阿拉伯帝國），進行商業交往。但花剌子模的官民卻劫奪了蒙古人的財物。這也是成吉思汗下令西征的導火線。

但這段期間，對成吉思汗而言最大欣慰的事並非戰事，而是得到了賢臣耶律楚材。

耶律楚材是契丹人，但在金國為官多年，深具規劃及行政長才，這是成吉思汗麾下最缺乏的。得到耶律楚材，成吉思汗如魚得水，終於可以做永續經營的大規劃了。

耶律楚材便以宰相職務，負責大蒙古帝國的營運。

蒙古軍擅長作戰，卻不擅長管理，經濟方面更是一無建樹，甚至可以說是破壞大於建設。

耶律楚材奠下了蒙古的政治結構，經濟與民政結構，貢獻不可謂不大。

不過，如同諸葛亮治蜀，耶律楚材真正發揮治國長才，卻是在成吉思汗兒子窩闊台的時代。

成吉思汗西征相當徹底，花剌子模被完全擊敗，許多大城市都成了廢墟。

花剌子模國王摩訶末逃到海上的小島，病死在那兒。

蒙古軍越過高加索，和俄羅斯的諸侯交戰，攻掠了南俄諸地。

另一支蒙古軍也由阿富汗攻抵印度河。

西征的規模空前龐大，但到後來軍事進展陷入瓶頸，成吉思汗回到根據地哈剌和林，停止了西征，再度把注意力放在東方。

西元一二二七年（南宋寶慶三年），蒙古人平滅了西夏國，西夏全力抵抗，蒙古軍展開屠殺，屍橫遍野，西夏亡，立國一百九十六年。

八月，成吉思汗病逝。

西元一二二九年（南宋紹定二年），立成吉思汗三子窩闊合為蒙古大汗，是為太宗，蒙古語稱木亦堅可汗。

◆金國的滅亡

南宋的軍隊在和蒙古軍對陣中較有成就的屬青州軍團的李全，李全的妻子楊妙真是北宋楊家將後人，以梅花槍馳名。蒙古大軍攻山東時，唯一可力守的祇有李全軍團，可惜南宋其他軍團不但未曾助力，而且不斷扯其後腿，也造成了青州軍最後經過三年餘死戰後，幾乎全軍覆沒。

西元一二三〇年（南宋紹定三年），金國樞密副使移剌蒲阿率軍救慶陽，遇蒙古大軍於大昌原（甘肅），先鋒慈孝軍提控完顏陳和尚以四百餘騎大破蒙古騎兵八千，慶陽解圍，這是金國和蒙古軍的大戰中，唯一打出漂亮勝仗的一次。

西元一二三一年（南宋紹定四年），楊妙真在淮安向蒙古投降，蒙古任命她為山東行省都元帥。

蒙古皇弟拖雷遣使速不罕赴宋，欲假道攻金，行至沔州，卻為宋青野統制張宣所殺。拖雷大怒，大軍入寇宋境，大散關、鳳州、洋州、沔州，興元皆失陷，蒙古軍推進至西水（四川）。宋國人民損傷數十萬。

西元一二三二年（南宋紹定五年）正月，蒙古皇帝太宗窩闊台由河清縣白坡渡黃河，命大將速不台攻打汴京。

金國陝西行省完顏合達自鄧州率步騎十五萬赴援，蒙古軍尾躡之，至三峰山展開決戰。金軍大潰，精銳部隊盡失，從此不再復振。

二月，金國文鄉行省徒單元典援汴京，亦為蒙古軍擊潰。

蒙古大軍圍攻汴京六十日，金哀宗完顏守緒料不能守，送曹王為人質乞和，蒙古軍退屯鄭州，汴京解圍。

七月，蒙古要求完顏守緒親至蒙古營中議和，使者出言不遜，金國飛虎卒不勝生氣殺之。

十二月，蒙古再圍汴京，遣使與宋國京湖制置使史嵩之，約定南北夾擊金國，滅金後，黃河以南歸宋。

西元一二三三年（南宋紹定六年）正月，金哀宗親統軍渡黃河而北，欲先取衛州，得到糧食後，攻略河朔。

蒙古大軍突擊，金軍大潰，金哀宗退守歸德。

二月，金國汴京守將西面元帥崔立，開城投降。

三月，金國元帥浦察官奴政變，監禁金哀宗於歸德。

五月，金哀宗得到支援，斬殺浦察官奴，退守蔡州。

八月，蒙古都元帥塔察兒遣使至襄陽，約宋國夾攻金國。

九月，兵圍蔡州。

十月，史嵩之命部屬孟珙率軍二萬赴約，蔡州情勢空前緊張。

西元一二三四年（南宋端平元年）四月，蔡州食盡，又無外援，金哀宗邀請百官，傳位東南元帥完顏承麟，不久，南宋大軍攻陷南城，金哀宗自縊而死，完顏承麟也戰死，金國正式滅亡，立國一百二十年。

六月，宋國淮東安撫使趙范建議乘機恢復中原，收復三京（東京汴京、西京洛陽及南京商丘），朝臣均以不可背盟，但右丞相鄭清之全力支持，宋理宗於是下詔進軍，攻佔汴京及洛陽。

八月，蒙古軍以宋國背盟，決定反攻，此後便展開了一連串宋國和蒙古的戰爭，直到南宋亡國。

〔陳文德說評〕天下沒有白吃的午餐，能夠成大功立大業者，大多吃過比常人更多的痛苦，在其中磨練自己。所謂「天將降大任於斯人也，必先苦其心志，勞其筋骨，餓其體膚，空乏其身，行弗亂其所為，所以動心忍性，增益其所不能。」或曰「吃得苦中苦，方為人上人。」

蒙古由一個遊牧民族，形成半個世界的統治者，也是有其代價的，這種累積實力到全面爆發的階段，便是《易經》大畜卦的智慧。

大畜，山天䷙，排序為第二十六卦。

山在天上，比天還高，必須累積足夠的能量，便是大畜。

大畜，畜其大者也，內卦剛健，能量上升，外卦艮止，使能量完全儲存起來，便是大畜。

大畜的綜卦，山天成天雷䷘无妄。

无妄是沒有妄想，沒有私慾，一切隨波逐流，上帝要我去哪兒便去哪兒，反正形勢比人強，這種完全順其自然的心，最能累積能量了。

江海不拒水流，故能成其大，大畜的力量也是逐漸累積的，不可能一步登天，一步登天者必無實力，實力是累積的，故大畜的錯卦為萃，澤地䷬萃，平常累積小力量，集聚後力量自然大了。

大畜卦的卦辭：「大畜，利貞。不家食吉。利涉大川。」

大畜需要時間，故立場要穩定而堅毅，不自私，體會宇宙的程序，安心沉浮其間，學易者必須安困、習坎、救渙，故能利涉大川。任何困難，任何危險，對大畜者都不會是問題。

大畜的彖辭：「大畜，剛健、篤實、輝光，日新其德，剛上而尚賢，能止健，大正也，不家食，吉，養賢也。利涉大川，應乎天也。」

孔子對大畜評價極高，期待也深，外卦艮，少剛，內卦乾，陽剛，內外皆剛而健，這種力量是篤實的，自然有其光度。

大畜是不停成長，不停進步的，故能日新其德，剛上而尚賢。

大畜是領導者，不用事事自己來，找賢能的人來幫忙，靠自己力量必有限，集結眾人的智慧才能無限。

有能力又不急功，大畜的能量才能大正。不為自家，而為天下人去努力，不家食，吉，故能大量養賢。

大畜的能量足以應付任何的挑戰，這是宇宙的自然能量，是無敵，是天道，故利涉大川，應乎天也。

大畜的象辭：「天在山中，大畜。君子以多識前言往行，以畜其德。」

天在山之上，山比天高，大畜之奐也，這種力量是累積的，是逐步學習的，堅毅不拔，永不休止，故以多識，而且身體力行，才能畜到大畜之德。

大畜的真正力量，當然是最後的上九，畜到天上了，聖母峰，沒有可與倫比的。

「初九，有厲，利己。」

剛開始的畜，一定非常辛苦，但格局小，充實自己的力量即可。

象曰：「有厲，利己，不犯災也。」

「九二，輿脫輹。」

輹是車軸，車輪軸脫落了，不動了，靜在那兒，徹底安頓在大畜中。

象曰：「輿脫輹，中无尤也。」

不動了，自然也不會再有何過錯了。

九三，已畜到內卦最上爻了，但這是不能停的，否則會功敗垂成。

「九三，良馬逐，利艱貞，日閑輿衛，利有攸往。」

大畜到九三，力量漸漸有了，如同良馬般可以放開來跑了，但前面要走的路還很長，故利艱貞。這匹馬能力夠強，可以主導一切，帶動馬車的行動，故利有攸往。

象曰：「利有攸往，上合志也。」

六四及六五是大畜卦的兩個陰爻。

一切无妄，六四，括囊，无咎，无譽，消極，自然面對一切，必大吉。

「六四，童牛之牿，元吉。」

小牛剛長角，有用，但性情溫和，不但元而且吉。

象曰：「六四，元吉，有喜也。」

「六五，豶豕之牙，吉。」

豶豕是閹豬，這種豬溫和無暴力，有牙而不傷人，故吉。

六五，黃裳元吉。消極，自然一切无妄。

象曰：「六五之吉，有慶也。」

大畜卦最重要的爻是上爻，畜到了天上，最高的地方。

「上九，何天之衢，亨。」

大畜到最後，超越了吉凶，故不言吉凶，祇言亨，一切亨通，合乎宇宙的程序。

象曰：「何天之衢，道大行也。」

成吉思汗快速崛起，帶著蒙古部族的能量，往前衝，的確是衝到了天上。

第十五章

分久必合

金國和西夏滅亡後，緩衝都消失了，南宋和蒙古間的長期鬥爭也展開了序幕。

負責夾擊金國的孟珙，其先祖曾是岳家軍成員，父親孟宗政留下二萬的「忠順軍」給他，使孟家軍成為南宋日後對抗蒙古軍的主力。

孟珙雖是武人出身，但學識廣博，精通《易經》，是難得的人才。

嘉熙元年（一二三七），孟珙出任京西湖北安撫副使。同年六月，他擊敗了進攻貴州的蒙古軍，聲名因而大噪。隔年，出任京湖安撫制置使，又由蒙古軍手中奪回郢州、荊門。嘉熙三年（一二三九），收復了襄陽，穩住了湖北局勢。襄陽也是孟珙的故鄉，故意義重大。

◆合州包圍戰

孟珙以四川宣撫使的身分，負責抵擋蒙古軍由四川入侵，同時他兼任江陵首長，守住長江要塞，防止蒙古軍越江直入。

這段期間蒙古軍分三路兵馬進攻南宋，但祇能獲得局部成果，並無法殲滅南宋的軍事主力。

西元一二四一年（南宋淳祐元年），窩闊台去世，由乃馬真皇后臨朝。

隔年，蒙古軍再分三路攻打宋國，東路軍陷通州（江蘇），為擴大戰果，蒙古軍大舉屠城。西路軍攻陷敘州（四川宜賓），中路軍攻陷滁州、和州，但仍無力給南宋致命打擊。長期戰亂，南宋軍民韌性極強，蒙古軍雖急，卻也無可奈何。

西元一二四三年（南宋淳祐三年），蒙古攻宋的中路軍張柔於襄城屯田，西路軍攻陷資州（四川資中），四川制置使余玠於釣魚山（四川合州東）築城，並將合州政府遷於此。

西元一二四六年（南宋淳祐六年）五月，孟珙去世，由賈似道頂替。

同年，蒙古庫里爾台（酋長會議），決定立窩闊台長子貴由為蒙古皇帝，是為定宗。

二年後，定宗又去世，由海迷失皇后抱窩闊台之孫失烈門臨朝，諸酋長不服，蒙古力量因而削弱了。

西元一二五一年（南宋淳祐十一年），庫里爾台選出鐵木真之孫蒙哥為蒙古皇帝，是為蒙古憲宗。

憲宗並非窩闊台之後代，而是鐵木真另一個兒子拖雷的兒子。

憲宗及其弟忽必烈都成了日後蒙古族的重要領導者，也就是說蒙古的皇帝一族由窩闊台的後代，轉成拖雷的後人。

蒙哥決定大規模南征，這是西元一二五八年（南宋寶祐六年）的事，憲宗即位後第八年。

西路由蒙哥親自率領，攻四川。

中路皇弟忽必烈攻鄂州。

南路兀良哈台，由安南攻長沙。

蒙哥的計劃是三路夾擊，最後直接攻打臨安，將南宋政權摧毀。

蒙古軍在鄂州做一次會師，進而攻向合州。

合州守將王堅也是一員猛將，他拒絕蒙古軍的招降，決定死守合州。

蒙古軍前鋒汪德臣在陣前叫囂，準備屠城，王堅下令萬箭齊發，汪德臣受傷，不久便在陣前去世。

雙方劍拔弩張，眼看血腥的大戰即將開打。

王堅也抱必死決心，打算為國家殉難。

西元一二五九年（南宋開慶元年）陰曆七月的某一天，蒙古軍突然撤軍了。

原來是蒙古憲宗蒙哥卒於合州城下，大軍北返，合州圍解。

賈似道此時已遣使準備求和稱臣，並劃定長江為界，並捐歲幣貢銀二十萬兩，絹二十萬匹。正在交涉時，傳來蒙哥去世，庫里爾台將立其弟阿里不哥為皇帝，忽必烈急於北返，因此必須立刻停止戰事，北上奪權。

南路軍兀良哈台原本也包圍了長沙，但被忽必烈召回。

◆忽必烈成立大元皇朝

忽必烈在偕同兀良哈台北返後，西元一二六〇年（南宋景定元年）四月，在內蒙古稱帝，是為蒙古世祖。

因為未得到庫里爾台同意，皇帝阿里不哥不服，亦於和林稱帝。

自此以後，庫里爾台制度正式廢除。

宋太子太師賈似道擅權，排除異己，建立私人集團，以穩固政權，很多大臣和將領不得志，紛紛離去或下獄。

南宋政局陷入混亂，根本沒有作戰的能力。

忽必烈和阿里不哥為爭奪政權而決戰，阿里不哥大敗，逃入沙漠中，忽必烈定都於和林（蒙古哈南和林）。

西元一二六四年（南宋景定五年），阿里不哥歸降，但仍為忽必烈所殺，蒙古也由和林遷都燕京。

是年，宋理宗去世，姪兒趙孟啟嗣位，是為宋度宗。

即位後，度宗仍重用賈似道，並封為魏國公，稱之為師臣。

西元一二六九年（南宋咸淳五年），蒙古樞密副使史天澤增兵再圍襄陽城，並以阿朮進攻樊城。

宋國京西安撫副使襄陽知府呂文煥決定死守，荊湖都統制范天順守樊城，蒙古軍猛烈攻擊，兩人均不為所動，京湖都統制張世傑率軍救援樊城，雙方大戰於赤灘圃，宋軍兵敗，無功而返。

沿江置制使夏貴救襄陽，也遭到擊敗。

殿前副指揮使范文虎率禁軍援夏貴，至灌子灘又被擊敗，范文虎輕舟逃命。

蒙古軍分別在白河城築城，威逼襄陽宋軍，鹿門城築城，進逼樊城。

隔年，荊湖制置使李庭芝與范文虎再救襄陽，但仍為蒙古軍所敗。

襄樊戰事緊急，賈似道隱蔽軍情不報，宋度宗也信以為真，宋國君臣根本無人有作戰準備。

西元一二七一年（南宋咸淳七年），忽必烈改國號為大元。

◆南宋的崩盤

西元一二七二年（南宋咸淳八年），阿朮攻破樊城外城，范天順退守內城，繼續死守，統制張順、張貴兄弟救襄陽，兵敗被殺。

元遷京城於中都，並稱為大都。

西元一二七三年（南宋咸淳九年），樊城陷落，范天順戰死。

襄陽城被圍五年，呂文煥多次要求朝廷支援，都為賈似道阻擋，呂文煥不能守，開城投降。

隔年，宋度宗趙孟啟去世，四歲的兒子趙顯嗣位，是為孝恭帝。由謝太皇太后臨朝。

這年，元世祖忽必烈決定滅亡南宋，他指責宋朝廷背信負盟，命左丞相伯顏統軍，由鄂州出兵，渡長江，打算摧毀臨安政權。

這時候，負責禦敵重責的為師相賈似道。

賈似道出身宋官場世家，非常長袖善舞，他在西元一二五九年（南宋開慶元年）忽必烈由鄂州撤軍開始，主導南宋政局。擔任丞相之職更長達十六年。

當忽必烈撤軍時，賈似道向皇帝報告是宋軍擊敗了蒙古軍，賈似道因而有凱旋宰相之封號。

賈似道其實看不起蒙古，除了害怕蒙古的軍事力量外，他對蒙古了解不多。

他擅長包裝，喜歡附庸風雅，很能掌握人心。

他提升教育預算，聘請有名的朱子（朱熹）學者，至中央出任要職，身旁更不乏名人雅士為顧問。

他也深知軍事力量及財政力量，是南宋朝廷生存兩大法寶，祗是他太自私，又太自負了，他認為自己的聰明才智足以應付蒙古人。

戰事必須避免，應不惜代價維持和蒙古間和平。

伯顏大軍南下，群臣上疏，師相必須親自出征。

不得已，賈似道設都督府於臨安，任孫虎臣為諸軍總統。

西元一二七五年（南宋德祐元年），元軍攻至安慶，知軍范文虎投降。

二月，賈似道軍至蕪湖，他想重施當年鄂州退敵之計，派遣使者到元營求和。伯顏以賈似道無信，拒絕之，揮軍南下，宋軍大潰，賈似道退守揚州。

三月，宋再度詔請降將呂文煥，范文虎向元軍請和，伯顏許之，派廉希賢赴宋議和，但使者到達獨松關（浙江安吉），卻為宋國浙西安撫司參議官張濡所殺，雙方衝突又起。

四月，贛州知州文天祥起兵勤王。

賈似道再度請和，伯顏派使者張羽赴宋，至平江驛亭，又被殺，伯顏大怒，各路齊進，連陷江陵，岳州等二十餘州。

七月，宋國京湖都統制張世傑率軍攻焦山，和元軍會戰，大敗。

九月，賈似道辭職，流放於循州（廣東龍川），由會稽縣尉鄭虎臣押送，很多人痛恨賈似道誤國，在漳州木綿庵殺之。

十二月，宋右丞相陳宜中，派使向元軍乞和，伯顏拒絕，宗正少卿陸秀夫再度前往，同樣遭到拒絕。

西元一二七六年（南宋德祐二年）正月，伯顏兵臨京城門下。

宋國謝太皇太后奉傳國璽，上表乞降。

伯顏要求宰相前來面議投降事宜，陳宜中不敢去，由文天祥任右丞相前往議和，卻為伯顏扣留。

◆最後的奮戰

三月，伯顏入臨安，挾持宋孝恭帝，全太后北上，謝太皇太后因重病留臨安。

四月，文天祥自元營逃歸。

五月，宋國大臣及皇族迎接益王趙昰在福州稱帝，是為宋端宗，年僅九歲，由生母楊太后臨朝。

陳宜中和文天祥也先後到達福州，出任左右丞相。

陳宜中為賈似道舊黨，排斥新人，文天祥不堪，自降為樞密使，赴外募兵，共赴國難。

七月，宋淮東制置副使朱煥，殺害制置使李庭芝，據揚州城降敵。

十一月，元軍攻福州，宋端宗趙昰奔泉州，泉州指揮使蒲壽庚叛變，端宗再奔潮州。

西元一二七七年正月（南宋景炎二年），元軍攻陷循州、梅州。

八月，文天祥圍贛州，企圖反攻，但為元江西行省參政李恆所敗。

十月，元攻陷興化（福建莆田），展開屠城。

十一月，再陷漳州，宋樞密副使張世傑奉端宗奔走秀山（廣東東莞）。

左丞相陳宜中棄職，奔走占城（越南平定）。

十二月，端宗再奔井澳（澳門外海），颶風大作，舟破人溺，端宗退守謝女峽（井澳南海中）。

西元一二七八年（南宋景炎三年）正月，元大軍進入重慶；二月，再陷潮州，展開屠城。

四月，宋端宗病逝，群臣擬散去，右丞相陸秀夫，立趙昰弟，年僅八歲的趙昺為帝，楊太后臨朝。

封張世傑出任越國公，文天祥出任信國公，加少保。

雖然機會渺茫，宋國文武諸臣仍打算做最後困獸之鬥，也顯現中華士大夫的骨氣。

五月，樞密使張世傑率趙昺進駐新會縣南之崖山，雖孤懸海上，但集結兵力仍多達二十萬，頗有拚命一搏的氣勢。

六月，元軍分水陸兩路攻崖山。

十一月，文天祥屯兵潮陽，元軍猛攻，文天祥走海豐，至五坡嶺，兵敗被俘，伯顏招降之，文天祥拒絕，做〈正氣歌〉以明志，死於獄中。

西元一二七九年（宋祥興二年），元江東宣慰使張弘範攻崖山，張世傑兵潰。

陸秀夫謂宋帝趙昺：「國事至此，陛下當為國死，趙顯皇帝辱已甚，陛下不可再辱。」乃背負趙昺投海而死。

張世傑率十六舟船出海，遇楊太后，商議再立宋皇嗣，楊太后聽說趙昺已死，慟哭表示：「我忍死間關至此者，為趙氏一塊肉耳，今無望矣！」亦投海死。

張世傑謀率軍攻入廣州，卻碰到颶風，張世傑焚香表示：「今若此，豈天意耶？」時風及浪濤愈急，舟軍不能動，張世傑墜海而死。

宋至此亡國，從趙匡胤創北宋政權，計三百二十年。

〔陳文德說評〕一個時代的結束，也是另一個時代的開始，這個結束和開始便是關鍵。

天下大勢，合久必分，分久必合，陰陽剛柔，循環不停，便是宇宙真相。

戰爭是常態，和平也是常態，爭論不休，其實戰爭及和平都有其常態，也有其變態。

或許世界沒有所謂對錯，有的祇是價值的選擇而已。

自從黃帝大戰蚩尤，至今四千八百年間，很少沒有戰爭，大小不同罷了。

戰爭也是解決問題的一種手段，但和平何嘗不是。

《易經》的最後兩卦，既濟和未濟，討論的便是宇宙陰陽輪替的智慧。

第六十三卦，水火䷾既濟，水能向下，火能向上，也象徵天地能量相交，象徵事情完成了，已渡過了生命中的大河，剛柔並濟了。

綜卦為火水䷿未濟，既濟水火，未濟火水，能量相顛倒，既濟後必又回到未濟，又是另一個開始。

錯卦也是未濟，陰陽交錯相抵又相生。

既濟的卦辭為：「既濟，亨小，利貞。初吉，終亂。」

已完成了，不必急著再做什麼，故小亨即可，剛柔均在正確位置，故利貞，但宇宙不會停止，完美了，便會退回不完美，故要小心，初吉，終亂。

既濟卦的彖辭：「既濟，亨，小者亨也。利貞，剛柔正而位當也。初吉，柔得中也，終止則亂，其道窮也。」

完美了，一切順暢，穩定，剛柔爻都在正確位置，自然是吉。不過，完美了，也僵化了，無生命力了，故終亂也。六二在內以陰能守中，直方大，不習无不利，順乎自然，才會有變化，否則死水一灘，終止則亂，因為已經不再有生命力了。

既濟的象辭：「水在火上，既濟。君子以思患而預防之。」

宇宙是不停止的，所以完美是不可能的，完美了必然會出現缺陷，進步便是找自己的缺點，找自己的麻煩，故既濟時，更宜思患而預防之。

《易經》最偉大的一點便是宇宙的秩序法則，既濟後，便要重新開始，所以未濟排在最後一卦。

未濟，火水䷿，火在上，水在下，陰陽不交，故未濟也。

未濟卦的卦辭：「未濟，亨，小狐汔濟，濡其尾，无攸利。」

小狐狸渡河，累得半死，尾巴也濕了，但前途的困難仍很多，但不必急，急也沒有用，先定下心來休息一下，休息是為了要走更遠的路。

未濟卦的彖辭：「未濟，亨，柔得中也。小狐汔濟，未出中也。濡其尾，无攸利，不續終也。雖不當位，剛柔應也。」

未濟是生命的常態，總是有改善的空間，不完美本身便是生命力。

未濟卦的主爻是六五，以陰柔能量領軍，黃裳元吉，以最大的包容及耐心來對待生命，不過與既濟卦相反，未濟剛柔皆不對位，必須做全面調整，不過雖不對位，卻很相應，衹是剛柔正好顛倒而已。

未濟卦的象辭：「火在水上，未濟。君子以慎辨物居方。」

為什麼不順暢，要反省，要檢討，要弄清楚，定下心來，不急，慢工出細活，生命自有自己的生路，仔細觀察，一切問題自然會出現解決契機。

其實，既濟和未濟並非生命中的卦象，而是象徵生命的循環不斷，生生不息，不會到達完美，也不會有終點。

這一切便是生命的真相，認真去體會，生命自在其中。

既濟卦的主爻在九五。

「九五，東鄰殺牛，不如西鄰之禴祭，實受其福。」

生命不必奢侈，不必豪華，主要在享受，在真誠，名牌和菜市場地攤上的東西，其實差別有限，自戀罷了，九五重視的是實質，這才是生命的智慧。

未濟的主爻則在，九二。

「九二，曳其輪，貞吉。」

浸在不順中，休息一下，享受其中，痛苦、辛苦也可以接受，放開了，生命智慧自在其中。

既濟九五爻象曰：「東鄰殺牛，不如西鄰之時也，實受其福，吉大來也。」

未濟九二爻象曰：「九二貞吉，中以行正也。」

潔身自愛而守中，不順時獨善其身，順暢時兼善天下，便是生命中的最高智慧。

該放則放，該收則收，祇有在正確的時間，正確的地點，才能做出正確的事情。

不對位，不當時，再好的事情，也祇會換來災難而已。

〈後記〉

面對真相，了解戰爭

每個人都害怕戰爭，戰爭會帶來太多的災難，生命、財產的損失，戰爭的確顯現了人類最愚蠢的一面。

但自有人類以來，戰爭始終也沒有停止過，祇是變得更複雜，更多樣化而已。

戰爭似乎已成為人類不可免的生活型態了。

歷史中研究戰爭的著作非常多，戰爭的原理、戰略、戰術、組織、武器、後勤……但會講的人不一定會打仗，學問愈好的，反而經常打敗仗，戰爭這件事，說和做完全不一樣。

長平之戰前，做為父親的趙奢，便預言祇會紙上談兵的兒子趙括，一定會打敗仗。諸葛亮重用能言善道的馬謖，成為他一生用人最大的敗筆。

不祇說和做不一樣，規劃的人和執行的人也不一樣。

戰爭的確是太複雜、太可怕了。

然而諷刺的是，戰爭卻也是人類進步最大的動力。

所有的科技會有突破性的發展，幾乎都與戰爭有關。戰爭帶來災難，但同時也帶來了繁榮。

二次大戰後，日本經濟快速起飛，得助於韓戰。

人家犧牲生命財產，我們卻在享受富裕，這便是戰爭的真相。

所有真正的專家，都知道戰爭是不可避免的。

德國軍事權威——西方兵聖克勞塞維茲更主張，戰爭是人類生活的常態，和平祇是戰爭的準備期而已。

東方兵聖孫武則一再提醒戰爭的可怕，但仍承認戰爭是解決問題的最有力手段。

所以祇要有人類，戰爭必不可免。

如果這個前提的假設是正確的，那麼我們應該用什麼態度來面對戰爭。

鴕鳥式的不去討論，強烈反對，強烈排斥，過去這種論調也曾喧騰一時，寧可投降，不要戰爭，寧可做個膽小鬼，能苟活便好。

但就算這種態度，真的能完全避免戰爭嗎？

歷史上多少實例告訴我們，當雙方簽訂和平協議時，幾乎就是大戰的前哨。

愈是害怕，愈會引來戰爭，懦弱似乎並非逃避戰爭的最好方法。

面對不可避免的災難，我們是否更應努力去了解它，了解也許才是把災難降到最低的唯一方法。

一味害怕，空談理想，可能更易吸引對方錯誤判斷和期待。

有人建議用愛去包容，便可避免戰爭。

真的嗎？人類歷史上死傷最多，最殘暴的不正是宗教戰爭嗎？嘴巴的仁義，說愛，絕對防止不了戰爭。

更何況，綿羊一味想和野狼談戀愛，絕對是愚蠢的事，絕對不會有好的結果。

其實，宇宙中的陰陽能量變化，不斷異位，衝突必不可免，大自然中同樣有地震、颱風、大水災，有時也會不知原因的引發大火，這些都是能量的衝突和突變。

動物間為了食物，生存空間，繁衍後代，同樣有戰爭，同樣有衝突，同樣有嚴重的死傷。

演進的本身便是一場持續的戰爭，適者生存，不適者淘汰。

但人類以外的戰爭，問題都不大，也大多是局部性的。

任何生物，就算大自然的力量也不會發動全面性的毀滅行為。

會做這種蠢事的祇有人類，大自然為生存而戰，一切都是物理學，是物理上的必要。但人類卻為思想而戰，為理念而戰，為慾望而戰，這才真正可怕。

歷史上死傷最大的是宗教戰爭，為上帝，為阿拉而死；第二是民族戰爭，為意識形態，為民族正義而犧牲。

兄弟鬩牆，比任何人還凶，還殘酷，歷史上殺死中國人最多的，絕對是中國人自己，並非異族，異族的傷害是有限的，自己的傷害才是由根腐爛起。

面對真相，了解戰爭，或許可以讓我們用更多智慧的態度來面對這一切可能的災難。